KB061174

양상국 바둑특강

절묘한 맥 ①

양 상 국

NANAM
나남출판

책머리에

　중국 고대의 성왕 요·순이 창시한 것으로 전해지는 바둑은 21세기에 이르기까지 누천년의 역사를 면면히 이어오고 있다. 바둑은 장기나 체스 등 다른 어떤 종류의 오락과도 비교될 수 없는 독특한 정체성을 지니고 있다. 인류가 창출한 문화의 영역에서 그 어떤 분류 속으로도 편입되기를 거부하는, 즉 그 나름의 전일(全一)한 세계인 것이다.

　바둑에는 그 형상부터 천지방원(天地方圓)이 투사되어 있으며, 흑백의 싸움 속에는 천지음양 동정(動靜)의 도리가 작용한다. 동양적 세계관에서 음양의 원리는 이 세계를 설명하는 요체라는 점은 두말할 나위가 없다. 수많은 바둑돌이 놓인 반면(盤面)은 천구에 붙박인 별들의 모습을 떠올리게 하며, 살아 있는 돌들에는 풍운과 같은 변화의 기운이 감돈다.

　이러한 바둑의 세계에 정진하는 독자들을 위해 저자는 이번에 〈절묘한 맥〉 시리즈 다섯 권을 내놓게 되었다. 그동안 아마추어 애기가(愛棋家)들과 어린 학생들을 지도하면서 골몰했던 것 중의 하나가 바로 '바둑 실력을 단기간에 증진시키는 방법'이었다. 그 과정에서 저자는 '맥'을 빨리 터득하는 것이야말로 기력(棋力) 향상의 첩경이라는 사실을 발견했다. 무릇 사람에겐 혈맥(血脈)이 있고 산에는 산맥이, 물에는 수맥이, 금광에는 금맥이 있지 않은가? 하나의 세계를 파악하기 위해서는 이러한 맥을 포착하는 것이 관건일 것이다. 바둑도 그와 같다. 맥을 잘 터득해야 기력의 향상을 기할 수 있고 바둑의 묘미도 만끽할 수 있는 것이다.

이 시리즈는 50가지 맥으로 동류항들을 찾아 모았고, 이해하기 쉽도록 초급, 중급, 고급으로 나누어 엮었다. 하나씩 읽어나가면서 무릎을 치다보면 모르는 사이에 기력이 크게 늘어 있다는 사실을 발견하고 스스로 놀라게 될 것이다.

바둑의 명인은 곧 삶의 대인(大人)이다. 지킬 때는 정황을 판별할 줄 알고, 싸울 때는 정정당당하게 정의롭게 맞서 싸우며, 어떤 경우에도 예의에 벗어나는 일은 하지 않고, 형세를 판단할 때는 지혜를 가지고 정확히 처리한다. 삶의 대인을 지향하는 모든 애기가들께 이 책을 바치며, 이 책이 나오도록 도와주신 나남출판의 趙相浩 사장께 진심으로 감사드린다.

2000년 2월 15일

차
례

바둑10훈 (十訓)

1. 조이구승자 필다패 (躁而求勝者 必多敗)
조급하게 이기려고 하는 자는 실패가 많다.

2. 부쟁이 자보자 다승 (不爭而 自保者 多勝)
다투지 않고 스스로 보전하는 자는 많은 승리를 얻을 수 있다.

3. 전다승이교자 기세퇴 (戰多勝而驕者 其勢退)
싸움에 이겼다 하여 교만한 자는 그 세력이 퇴보한다.

4. 일공일수 허허실실 (一攻一守 虛虛實實)
공격은 최대의 수비, 수비는 최대의 공격, 허술한 가운데 실익이 있고
실익이 있는 가운데 허술함 또한 있는 법이다.

5. 유선이후 유후이신 (有先而後 有後而先)
선수인 줄 알았던 것이 후수가 되기도 하며 때로는 후수로 보이지만 선
수의 의미를 갖기도 한다.

6. 양생물단 개활물연 (兩生勿斷皆活勿連)
상대의 살아있는 두말은 끊지 말며, 자신의 살아있는 두말은 잇지 말라.

7. 불이소리이 방원략 (不以小利而 放遠略)
작은 이익을 위해 원대한 계략을 방해해서는 안된다.

8. 승고흔연 패역가희 (勝固欣然 敗亦可喜)
수담을 나눌 수 있는 좋은 친구를 만나 대국할 경우, 저도 가히 기쁜 마
음을 가질 여유를 가져야 군자와 道樂이다.

9. 지피지기 만고불역 (知彼知己 萬古不易)
적을 알고 나를 알면 백전백승. 적도 모르고 나도 모르면 백전백패, 그
러므로 지피지기는 만고불변의 법칙이다.

10. 근수정진 무한부정 (勤修精進 無限不定)
부지런히 갈고 닦는데는 끝도 없고 한도 없고 정한 바도 없으니 무한히
정진하라.

바 둑 수 업 (修 業)

둑을 배우려는 사람들에게 들려주고 싶은 이야기에 아래와 같은 명언이 있다.

一年而野 二年而從 三年而通

四年而物 五年而來 六年而鬼入

七年而天成 八年而不知死不知生 九年而大妙 ― 이것을 풀이하여 보면

〈一年而野 二年而從 三年而通〉

바둑을 모르던 사람이 배우기 시작하여 1년이나 2년 후에 좀 강해지면 남에게 자랑하고 싶은 시절이
온다. 이 시절이 1년이야(一年而野)와 같다. 그리하여 계속 바둑을 배우며 두는 동안 차츰 자기보다
강한 상대를 만나 두다보면 스스로 자기의 미숙을 깨닫게 되고 따라서 얌전해진다. 이 시절이 2년이종
(二年而從)이다 그리고 나서 자기의 미숙을 깨닫고 더욱 분발하여 공부하는 사이에 정석이나 포석,
또는 끝내기, 기타의 문제를 알게 된다. 이 시절이 3년이통(三年而通)에 해당하는 것이다.

〈四年而物 五年而來 六年而鬼入〉

3년이통을 거쳐 면학을 계속하다 보면 자기 스스로 자재(自在)하여 둘 수 있게 된다. 이 때를
4년이물(四年而物)의 시기라고 한다. 이것 저것을 대충 알게 되면 현재 자기가 습득한 기량만으로는
흡족치 못하여 무엇인가 자기만의 새로운 수를 두고 싶어 한다. 5년이래(五年而來)가 그런 시기이다.
여기까지 오면 바둑에서는 고급의 단계이다. 그래서 이때부터 자기만의 독특한 기풍이 이루어져 타의
추종을 불허하는 바가 되는 것이다. 자기만의 기풍을 갖출 수 있는 시절이 6년이귀입(六年而鬼入)의
때이다. 이를테면 현재 바둑계에서 일류의 대가는 모두 귀입의 수준에 이르러, 비로소 세상의 인정을
받게 된 것이다.

〈七年而天成 八年而不知死不知生 九年而大妙〉

귀입의 상태에서 더욱더 자중 연구하면 저절로 정연한 바둑을 둘 수 있게 된다.
이것이 7년이천성(七年而天成)이다. 이때부터 바둑은 단순히 바둑뿐이 아니고 그 안에서 삶의 철학과
인생을 깨닫는 경지에 이르니 내적인 완숙을 이루는 8년이부지사부지생(八年而不知死不知生)의
때다. 더욱 수업에 정진하여 바둑과 인생의 삶과 죽음을 터득하는 단계까지 오르면 반상에 전개된
흑백의

바 둑 오 득 (五 得)

남과 더불어 바둑을 두다보면 어느 사이에
친해지고 상대의 심성까지 돌을 통하여
감지되므로 경계하지 않아도 가까워지니
좋은 벗을 얻게 되고, 바둑을 두다보면 상대의
인간적인 약점이 드러나고, 나의 약점도 상대에게
밝혀져 흉허물 없게 됨으로써 서로
친화력을 느끼니 서로 화합하게 되며,
욕심이 지나치면 실패하고, 작은 것을 버리고
큰 것을 취해야 한다는 여러가지 진리를 수시로
일깨워 교훈이 되니, 이와 같이 벗과 화합과
교훈을 통하여 스스로 부족함을
알고 부끄러움을 알아 다소곳이 마음을
닦게 되니 크게 깨닫는 바가 있다.
그리하여 자세를 바로함으로써 마음 편히
천수를 누리며 살아갈 수 있다는 것이다.

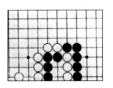

마늘모의 맥

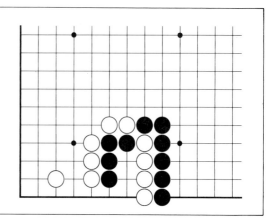

문제 1 (흑차례)

흑 네점과 백 네점이 서로 수상전을 하는 모습이다. 흑은 어디에 놓아야 백을 잡을 수 있는가?

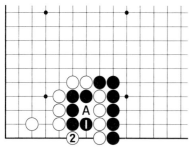

1도 빅

흑1로 1선에 내리면 백2로 1선에 막게 되어 빅이 된다. 빅이 되면 흑의 실패이다.

2도 실패

흑1로 꼬부려 백의 수를 줄이면 백2로 두어 흑은 A에 놓을 수 없으므로 잡히게 되고, 이것은 흑의 책략부족.

3도 정해

흑1의 마늘모로 두면 백은 바깥부터 수를 줄이기 위해 백2로 둘 수밖에 없을 때 흑3으로 백을 잡을 수 있다.

문제 2 (백차례)

흑에게 잡힌 것 같은 백 한점을 이용하여 흑 다섯 점을 잡는 것이다. 백은 어디에 놓아야 흑을 잡을 수 있는가?

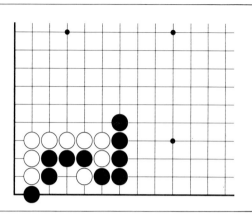

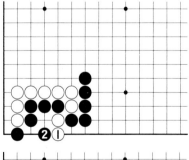

1도 실패

백1은 너무 쉽게 생각한 수로 흑2로 이으면 백3으로 내려도 흑4로 잡힌다. 결국 백1은 속수라 할 수 있다.

2도 실패

백1로 1선에 내리는 것도 흑2로 1도와 같이 백이 잡히게 된다.

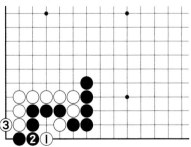

3도 정해

백1의 마늘모로 두면 흑2로 이을 수밖에 없다. 다음 백3으로 흑을 잡을 수 있다.

11

마늘모의 맥

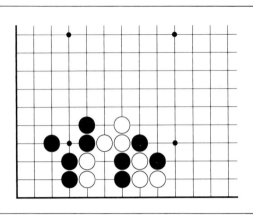

문제 3 (흑차례)

두칸높은협공 정석에서 나오는 모습이다. 흑은 어디에 두어야 백을 공격할 수 있는가?

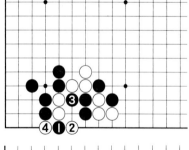

1도 실패

흑1의 끊는 것은 너무 성급하여 백2 단수로 잡히게 된다. 이것은 흑이 너무 수 읽기를 소홀히 한 것으로 실패.

2도 실패

귀쪽에서 흑1로 젖히는 것은 백2로 막으면서 단수가 되어 흑3으로 끊어도 백4로 흑 한점이 잡히게 되면 흑의 다음 수가 없다.

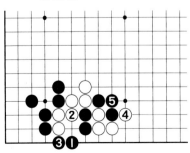

3도 정해

흑1로 마늘모하여 백2로 이을 때 흑3으로 넘고 백4로 단수치면 흑 세점은 양쪽으로 나뉘어진 백을 공격하는 형태가 된다.

12

문제 4 (흑차례)

흑 세점과 백 다섯점이 서로 수상전이다. 흑은 어떻게 두어야 백을 잡으면서 살아갈 수 있을까?

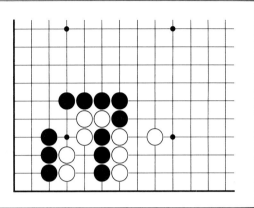

1도 실패

흑1로 귀쪽에서 젖히는 것은 백2로 바로 막으면서 단수가 되어 흑3으로 이을 수밖에 없다. 백4로 넘어가면 흑 세점이 잡히게 되어 실패이다.

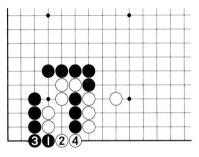

2도 실패

흑1로 귀쪽으로 연결하고자 하면 백2로 막을 때 흑3이면 백4로 흑1이 단수당하게 된다. 흑5로 두어도 백6으로 한점을 잡으면서 흑 세점이 단수가 되어 실패이다.

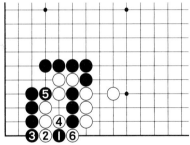

3도 정해

2도에서 흑3으로 1선에 내리지 않고 먼저 흑3으로 둔다. 백4로 이을 때 흑5로 내리면 백을 잡고 살아가게 된다.

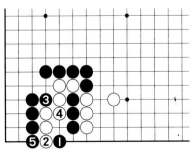

문제 5 (흑차례)

흑 두점이 백에게 잡힐 것 같다. 흑은 어디에 두어야 백을 잡고 살 수 있는가?

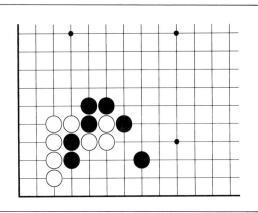

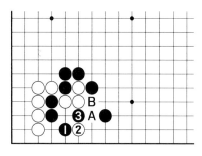

1도 실패

흑1로 직접 꼬부리면 백2로 직접 막게 되어 흑은 수상전에서 지게 된다. 이것은 흑의 책략부족.

2도 정해

흑1의 마늘모가 정해. 백2로 막을 때 흑3으로 끼우게 된다. 백A로 두면 흑B로 환격이 되어 백을 잡고 산다.

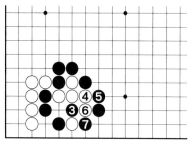

3도 변화

2도에서 백4로 두면 흑5로 막고 백6으로 나올 때 흑7로 막아 환격이 되어 역시 흑 성공.

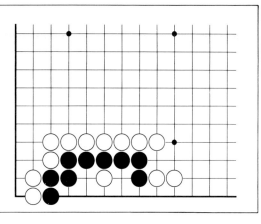

문제 6 (백차례)

백은 흑을 잡기 위해 급소를 노려야 한다. 어떤 수순으로 이 흑을 잡을 수 있는가?

1도 실패

백1의 마늘모는 흑2의 마늘모가 호수. 백3으로 이을 때 흑4로 두면 빅이 된다. 빅이면 백의 실패.

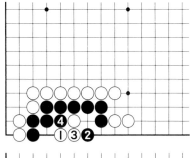

2도 실패

1도에서 흑2로 둘 때 백3으로 아래쪽을 이으면 흑4로 두어 역시 빅이 된다. 빅은 백의 수읽기 부족.

3도 정해

백1로 선수를 하면 흑은 2로 막을 수밖에 없고 백3으로 두면 흑을 잡게 된다. 오궁도화.

15

문제 7 (백차례)

흑을 끊고 있는 백(△) 한점을 이용하여 흑을 잡아야 한다. 어떻게 두어야 흑을 잡을 수 있을까 ?

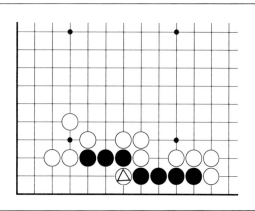

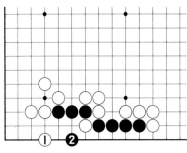

1도 실패

백1로 젖히면 흑2로 받고 백3으로 이을 때 흑4로 백 한점을 잡아 흑이 살게 되어 실패이다.

2도 실패

백1로 1선에 두어 백을 연결하려 하면 흑2로 두어 백은 넘어갈 수 없고 흑은 살아 있는 모양이 된다.

3도 정해

백1의 마늘모가 호착. 흑2로 단수칠 때 백3으로 한칸 뛰는 수가 또한 묘수로 흑4 때 백5로 두어 흑은 옥집.

문제 8 (흑차례)

흑은 두수, 백은 세수가 되어 수상전에서 흑이 어려울 것 같다. 그러나 귀쪽에서 수를 늘릴 수 있는 것 같은데 어디에 두어야 할까?

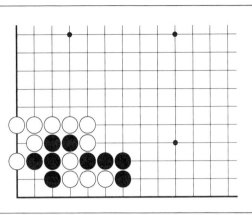

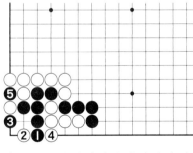

1도 실패

흑1로 내리면 백2로 두어 흑은 한수가 부족하여 잡히게 된다. 이것은 흑의 실패이다.

2도 실패

흑3으로 집을 내면서 수를 늘리면 백은 당연히 백4로 두어 패가 된다. 이것도 흑의 실패

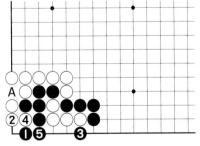

3도 정해

흑1의 마늘모가 묘수로서 백2는 이 한수. 다음 흑3으로 젖히고 백4로 단수치면 흑5로 이을 때 백은 A에 이어야 하므로 흑이 한수 빠르게 된다.

문제 9 (백차례)

백 여섯점은 호리병이라는 맥으로 탈출할 수 없다. 그러나 흑도 약점이 있다. 어디에 두어야 백이 살 수 있을까?

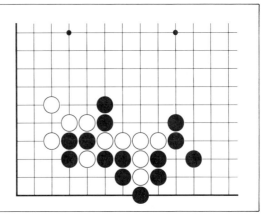

1도 실패

백1은 당연하고 흑은 2로 막는다. 백3으로 두면 흑4로 탈출할 수 없다. 이것은 백의 실패이다.

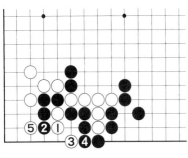

2도 정해

백1과 흑2의 교환은 당연하다. 백3의 마늘모가 묘수가 되어 흑4로 이을 수 밖에 없다. 백5로 두면 흑을 잡고 살게 된다.

3도 정해

백3의 마늘모일 때 흑4로 내리면 백5로 흑 세점을 잡고 귀쪽의 흑 다섯점도 잡게 된다.

문제 10 (백차례)

잡혀 있는 백 세점을 이용하여 흑을 잡을 수 있을 것 같다. 어느 곳에 두어야 하는가?

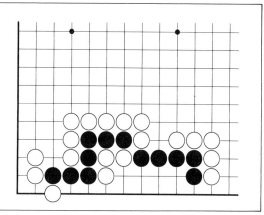

1도 실패

백1로 내리면 흑2의 치중수가 호수. 백3으로 두어도 흑4로 백이 연단수에 걸리게 된다.

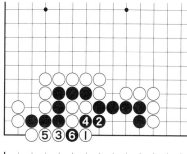

2도 정해

백1의 마늘모면 흑2로 둔다. 백3으로 넘으려 할 때 흑4로 단수를 쳐도 백5로 넘는다. 흑6으로 백 세점을 잡으면 -

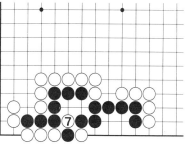

3도 계속

백7로 흑 한점을 되따내어 흑은 옥집이 되어 죽는다.

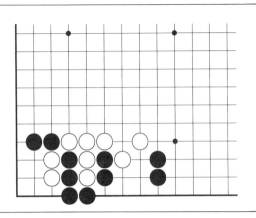

문제 11 (흑차례)

흑은 귀의 백 두점을 잡
아야 살 수 있다. 그러나
백은 두수만에 흑을 잡는
다. 어느 곳에 두어야 할
까?

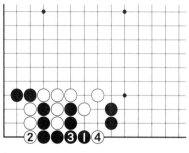

1도 실패

흑1로 꼬부려서 변의 흑과 연결하려고
하면 백2의 단수에 흑3으로 이어도 백4로
몰아떨구기.

2도 실패

흑1의 마늘모로 두어 변의 흑과 연결하
려고 하면 백2의 단수에 흑3으로 이어도
백4로 그만. 역시 흑의 실패.

3도 정해

같은 마늘모라도 변쪽에서 흑1로 두어
야 한다. 백2로 단수해도 흑3으로 넘으면
되따는 수가 있어 이 흑은 살 수 있다.

문제 12 (흑차례)

백은 1선에 내리는 수와 귀쪽으로 나가는 수를 맞보기로 살아 있는 것 같다. 어떻게 두어야 백을 잡을 수 있을까 ?

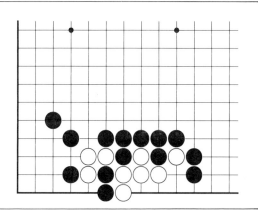

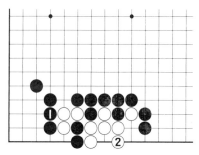

1도 실패

흑1로 평범히 흑의 약점을 보강하면 백2로 살려주게 된다. 따라서 흑1로 두는 수는 수읽기 부족.

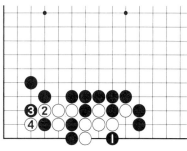

2도 실패

'적의 급소는 나의 급소'라는 격언처럼 흑1로 두면 백2로 나가서 흑 한점을 잡아 살게 된다. 따라서 흑은 손해만 본 꼴이다.

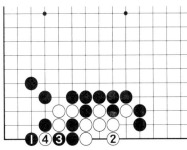

3도 정해

흑1의 마늘모가 절묘한 맥점. 백2로 둘 수밖에 없을 때 흑3으로 키워 버리면 백4로 흑 세점을 잡아도 되따는 수에 의해서 백은 옥집이 되어 잡힌다.

21

문제 13 (백차례)

백은 상당한 어려움에 처해 있다. 이 어려움을 어떤 수로 탈출할 수 있을까?

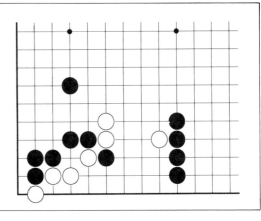

1도 실패

백1로 단수를 치면 흑2, 백3으로 수를 줄여도 흑4로 단수가 된다. 백5로 넘어가도 엷어서 백은 좋지 않다.

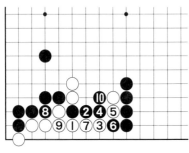

2도 실패

백1로 아래에서 단수를 치면 흑2, 백3으로 뛰어도 흑4로 건너붙여 아래쪽 백은 두집을 낼 수 없다. 백의 실패.

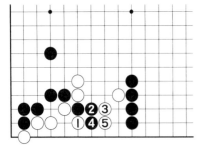

3도 정해

백1로 단수치고 흑2로 늘 때 백3의 마늘모가 맥으로 흑을 잡게 된다.

문제 14 (백차례)

백은 젖혀있는 △로 인 하여 흑을 잡을 수 있다. 어느 곳이 급소인가?

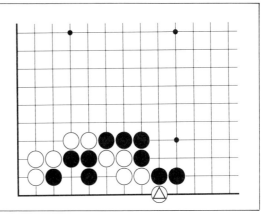

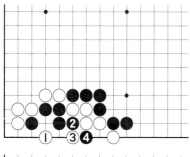

1도 실패

백1로 흑의 수를 줄이면 흑2. 백은 자충수가 되어 꼼짝할 수 없다.

2도 실패

백1로 급소에 치중해도 흑2로 백의 수를 줄인다. 백3으로 젖혀도 흑4로 먹여쳐 백이 잡힌다.

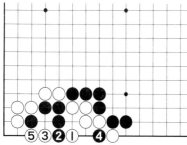

3도 정해

백1의 마늘모가 멋진 수로 흑2가 불가피 할 때 백3으로 치중한다. 흑4로 먹여쳐도 백5로 단수치면 흑은 자충이 되어 백을 잡을 수 없다.

문제 15 (백차례)

잡혀 있는 것처럼 보이는 백 세점을 이용하여 흑을 잡는다. 어떻게 해야 하는가?

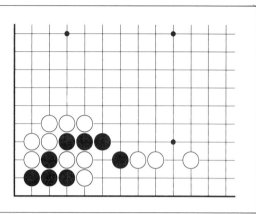

1도 실패

백1로 젖혀서 넘으려 하는 것은 흑2로 끼워 연결할 수 없다. 백1은 무책.

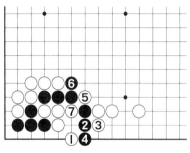

2도 정해

백1의 마늘모. 흑2로 넘는 것을 방해하면 백3으로 먼저 막는 수가 수순의 묘이며 흑4에 백5, 7로 백삶.

3도 정해

2도에서 백5때 흑6은 백7로 오히려 더 큰 피해를 입는다.

문제 16 (백차례)

백은 흑에게 배붙임의 묘수를 당해 살 수가 없는 것처럼 보인다. 그래도 백은 살 수 있는 길이 있다. 어디인가?

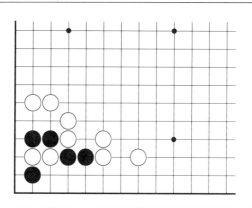

1도 실패

백1로 두면 흑은 2로 넘는다. 백3으로 단수를 쳐도 흑이 이어서 백은 수부족. 조금 더 연구를 하지 않아 한치 앞을 내다보지 못한 결과이다.

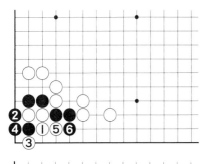

2도 정해

1도에서 백5를 나가지 않고 1선에 마늘모하는 수가 묘수이다. 흑6으로 단수를 칠 때 잇지 않고 백7로 한칸 뛰는 수가 호착. 흑8로 백 세점을 잡을 때 —

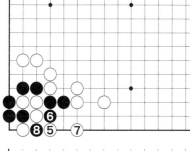

3도 계속

백9로 흑 한점을 따내게 되면 거의 완생형태였던 흑도 두집이 나지 않는다.

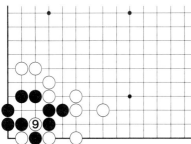

25

문제 17 (흑차례)

흑 네점이 살아가면 백은 자동적으로 잡히게 된다. 어떻게 살아가야 하는가?

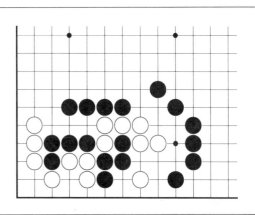

1도 실패

흑1로 내리는 것이 선수이다. 백2로 이을 때 흑3으로 나가는 것은 백4로 막는다. 흑5로 끊어도 백6의 마늘모에 흑은 자충이 되어 살 수가 없다.

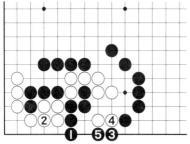

2도 정해

전도에서 흑3으로 나가는 것은 실패. 흑3의 마늘모로 1선에 두는 수가 있다. 백4로 두어도 흑5로 넘어가면 흑은 산다.

3도 변화

전도의 흑3일 때 백4로 막는 것은 흑5로 나가 끊게 되며 백8까지 두어 빅이 되지만 윗쪽 백이 살 수 없으므로 결국 흑이 살게 된다.

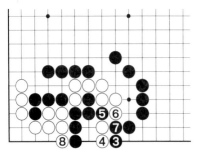

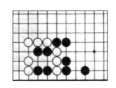

1선에 내려서는 맥

1선에 느는 맥

문제 1 (백차례)

백 세점은 흑의 포위망 속에 있어 쉽게 살 수 없다. 타개의 묘책은 없을까?

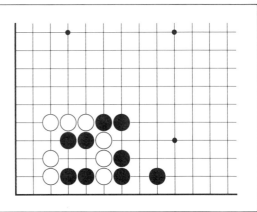

1도 실패

백1로 젖혀 연결하려 하는 것은 흑2때 백3으로 이어도 흑4로 두어 백이 잡힌다. 이것은 백의 실패이다.

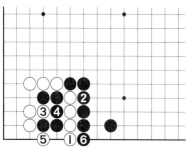

2도 실패

백1로 1선에 내리면 흑2, 백3 다음 흑4까지 자충이 되어 백은 연단수를 면할 길이 없다.

3도 정해

백1로 느는 수가 호착이며 백3으로 먼저 젖히는 수가 수순이다. 흑4가 불가피할 때 백5로써 흑은 이을 수가 없다.

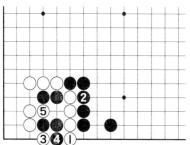

문제 2 (흑차례)

백의 모양에 약점이 있다. 흑은 어떤 맥으로 수를 낼 수 있을까?

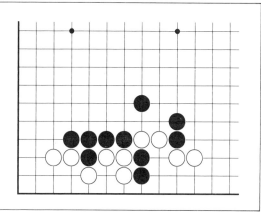

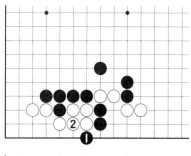

1도 실패

흑1로 직접 끊는 것은 즉시 백2 단수를 당해 수를 낼 수 없다. 흑1은 생각하지 않고 끊은 악수이다.

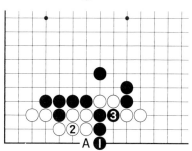

2도 실패

흑1로 단수를 치는 것도 백2로 잇게 되어 다음 후속수단이 없다. 세수 앞을 못 본 흑의 실책.

3도 정해

흑1로 내리는 것이 맥. 흑2로 먹여친 후 흑A면 촉촉수이므로 백은 2이어야 한다. 그러면 흑은 한수가 늘고 흑3으로 끊어 백 두점을 잡는다.

1선에 느는 맥

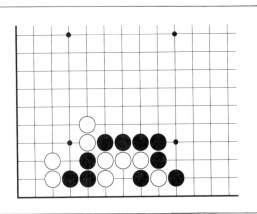

문제 3 (백차례)

백은 두수, 흑은 세수이다. 백은 단수되어 있는 한점을 이용하여 어려움을 타개해야 한다. 어디에 두어야 하는가?

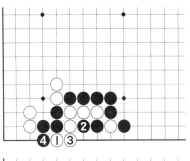

1도 실패

백1로 두는 것은 흑2 단수를 당해 더 이상 속수무책이다. 좀더 생각해야 한다.

2도 실패

백1로 젖혀 연결하려는 것은 흑2로 단수를 당한 후 백3으로 이을 때 흑4로 역시 백이 안된다.

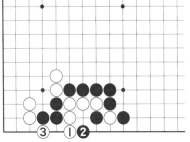

3도 정해

백1이 정수. 흑2면 백3으로 넘게 되는데 흑은 자충이 되어 단수를 칠 수 없다.

문제 4 (흑차례)

흑은 세수, 백도 세수로 수싸움에서 먼저 두는 쪽 이 이길 것 같다. 어떻게 두어야 하는가 ?

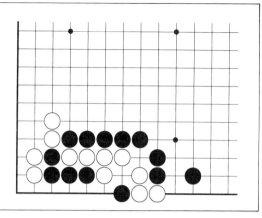

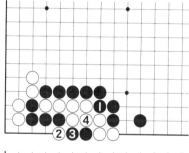

1도 실패

흑1로 연결하면 백2로 단수. 흑이 이으 면 수부족이므로 흑3으로 단수를 쳐야 한 다. 백4로 흑 두점을 따서 흑의 수부족.

2도 실패

흑1로 두어도 백2로 젖히면 전도와 같 은 형태이므로 흑은 수부족이다. 역시 실 패.

3도 정해

흑1로 1선에 느는 수가 침착한 호착. 백2로 젖힐 때 흑3으로 조이면 백은 자충 이 되어 단수를 칠 수 없다.

문제 5 (백차례)

백은 A의 약점이 있다. 급소를 찾아서 백 다섯점이 살려야 한다. 어떻게 두어야 하는가?

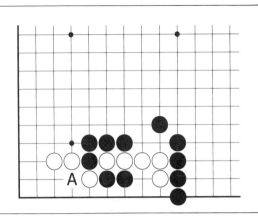

1도 실패

백1로 평범히 이으면 흑2로 두어 넘으려 한다. 백3으로 막아도 흑4로 두면 백은 자충이 되어 흑을 잡을 수 없다. 백1로 잇는 것은 책략부족.

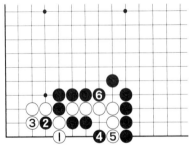

2도 실패

백1로 내리면 흑2로 끊어둔다. 백3으로 단수를 쳐야 할 때 흑4로 두고 백5로 막으면 흑6으로 전도와 같이 실패.

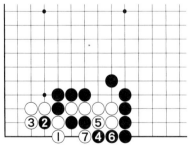

3도 정해

전도의 흑4로 둘 때 백5가 급소. 흑6으로 넘어갈 때 백7로 흑 두점을 잡고 백이 산다.

문제 6 (백차례)

귀의 백 두점이 배붙임을 당해 백은 두집 내기가 쉽지 않을 것 같다. 백은 어떻게 두어야 하는가?

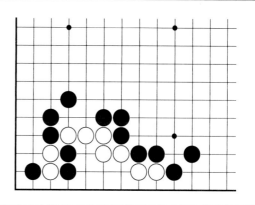

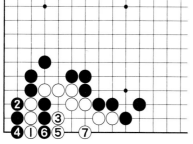

1도 실패

백1로 나가고 흑2로 연결하면 집을 넓히기 위해 선수로 백3을 둔다. 흑4로 단수를 칠 때 백5로 두어도 흑6으로 젖혀 두집을 낼 수 없다.

2도 실패

전도의 백5를 1선에 내리면 5궁도화로 흑6의 치중을 당해 역시 백의 활로는 없다.

3도 정해

백1로 1선에 내리는 것이 버리는 돌을 이용하는 방법이다. 흑2로 두면 백3. 흑4로 두어도 백5를 선수할 수 있어 흑6으로 백 세점을 잡을 때 백7로 두집을 내고 산다.

문제 7 (흑차례)

잡혀 있는 흑 한점을 이용하여 흑 전체가 살아야 한다. 흑은 어떻게 두어야 하는가 ?

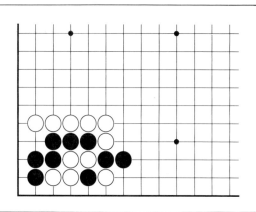

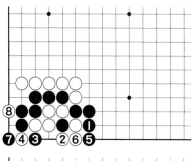

1도 실패

흑1로 단수를 치면 백2로 흑 한점을 잡는다. 흑3으로 젖히면 백4로 먹여치고 흑5, 백6으로 백은 한집이 있다. 흑7로 백 한점을 잡아도 백8로 두면 흑은 집이 없다. 유가무가는 수싸움이 되지 않는다.

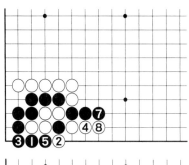

2도 실패

흑1로 젖혀 백2로 딸 때 흑3으로 이어도 백4로 수를 늘인다. 흑5로 단수치면 백6으로 잇고 흑7로 늘어도 백8로 밀어 흑은 백을 봉쇄하는 수가 없다.

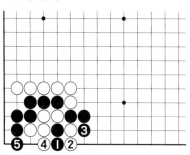

3도 정해

잡혀있는 흑 한점을 두점으로 키워 버리는 것이 요령이다. 백2로 단수를 칠 때 흑3으로 두면 백4로 잡을 수밖에 없다. 그때 흑5로 두면 흑은 수싸움에서 이길 수 있다.

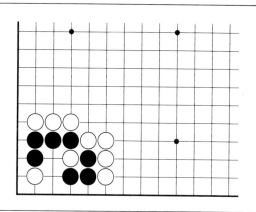

문제 8 (백차례)

 백은 흑의 모양에 약점이 있어서 수를 낼 수 있다. 어디에 두어야 하는가?

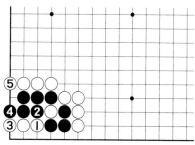

1도 실패

 백1로 두면 흑2로 백 한점을 잡는다. 백3으로 젖히면 흑4로 먹여쳐 백5로 잡을 때 흑6으로 패가 되는데 이것은 백의 실패이다.

2도 정해

 전도의 백3으로 젖히지 않고 내리는 것이 정해이다. 흑4로 두어도 백5로 두어 수싸움에서 백이 이긴다.

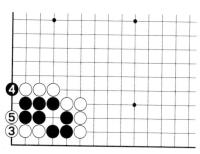

3도 변화

 백3으로 내릴 때 흑4로 바깥을 젖히면 백5로 침착하게 밀고 들어가는 수가 호수. 흑에게 다음수가 없다.

문제 9 (백차례)

귀의 백 세점이 살아야 한다. 어떤 맥으로 살 수 있을지 연구를 많이 해야 한다. 백은 어디에 두어야 할까?

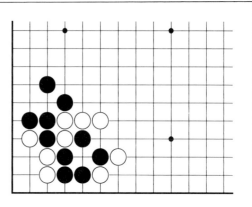

1도 실패

백1로 두어 흑 두점을 단수치면 흑2의 배붙임을 당해 귀의 백은 살 수가 없다. 백1은 너무 성급.

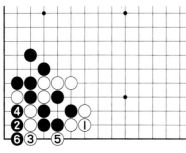

2도 실패

백1로 이어도 흑2의 배붙임을 당한다. 백3으로 내려 백5로 넘어가려고 해도 흑6의 연단수를 당해 살 수 없다.

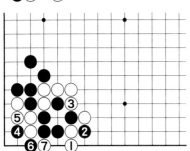

3도 정해

백1로 내리는 것이 정해. 흑2로 끊으면 백3으로 단수를 한다. 흑4로 배붙임을 해도 백5로 잇고 흑6으로 넘을 때 백7로 단수를 치면 귀의 백은 산다.

문제 10 (백차례)

흑(△) 세점을 잡아야 잡혀 있는 백 여섯점이 살아나게 된다. 백은 어디에 두어야 살 수 있는가?

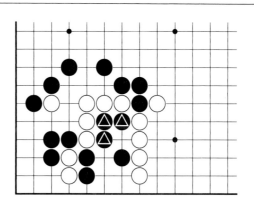

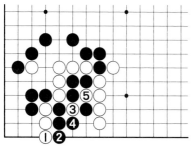

1도 정해

백1로 내리면 흑2가 최강. 백3으로 넘으려 하면 흑4, 백5로 단수쳐야 하는데 흑6까지 패.

2도 변화

백1로 내릴 때 흑2로 막으면 백3으로 먹여치고 백5로 단수를 하여 백의 수가 빠르게 된다.

3도 변화

백1로 내릴 때 흑2로 반대쪽을 조이면 백3이 묘착. 흑4가 불가피할 때 백5로 먹여치고 백7이면 흑은 이을 수가 없다.

바둑 10결(十訣)

부 득탐승(不得貪勝) 입계의완(入界宜緩)
공피고아(攻彼顧我) 기자쟁선(棋者爭先)
사소취대(捨小取大) 봉위수기(逢危須棄)
신물경속(愼勿輕速) 동수상응(動須相應)
피강자보(彼强自保) 세고취화(勢孤取和)

어거지로 이기려 들면 이기지 못하는 법이며,
상대의 세력에 가까이 갈 때는 앞뒤를 잘 가려야 하고,
공격을 할 때는 먼저 자신의 약점을 돌아보아야 하며,
모름지기 선수를 다뤄야 하며,
작은 것을 버리고 큰 것을 차지해야 하며,
위태로운 형편이 될 때는 모름지기 버려야 하며,
항상 신중하여 가벼이 굴어서는 안되며,
움직일 때는 언제나 내편과 서로 호응이 되도록
해야 하고, 상대의 세력이 강한 지역에서는 스스로
자중하며, 세가 외로울 때는 마땅히 타협해야 한다.

1천년 전에 왕적신이 일찍이 갈파한 바둑의
열가지 비결이다.

날일자 건너붙이는 맥

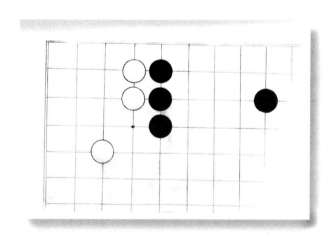

날일자 건너붙이는 맥

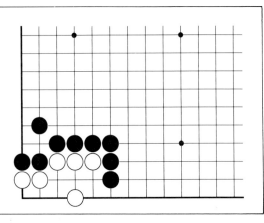

문제 1 (흑차례)

귀의 백을 잡는 것이다.
역시 수순이 중요하다. 흑
은 어떤 수순으로 백을 잡
아야 하는가?

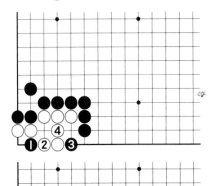

1도 실패

흑1로 두면 백2로 막게 되며 귀의 백은
곡4궁이 되어 산다. 따라서 흑1은 너무
단순한 착상이다.

2도 실패

'2의 一에 묘수있다'는 격언처럼 흑1로
두어도 백2면 백을 살려주게 된다. 역시
흑의 수순착오.

3도 정해

여기서는 흑1이 절묘한 수이다. 백2면
흑3을 선수하여 백4를 두게한 후 흑5로
백을 잡는다.

문제 2 (흑차례)

화점정석에서 백이 단수를 쳐 흑(▲)이 이은 모습이다. 흑은 어떻게 두어야 백 두점을 잡고 안정할 수 있는가?

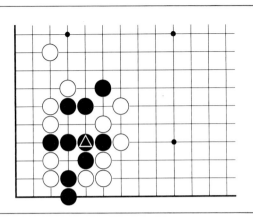

1도 실패

흑1로 젖히면 백2실패. A의 약점때문에 흑3때 백4로 끊겨 흑 두점이 잡히면 근거가 없어 심한 공격을 받게 된다.

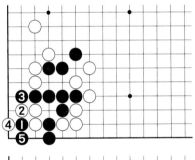

2도 정해

흑1의 배붙임이 묘수로 정해이다. 백2면 흑3으로 내려 백4로 단수를 당해도 흑5로 뻗어서 그만.

3도 변화

백4로 젖히는 것은 흑5가 중요한 수로 백6으로 잇게 만든 다음 흑7로 두어 역시 백이 잡힌다.

날일자 건너붙이는 맥

문제 3 (흑차례)

흑 네점은 현재 잡혀 있는 모습이다. 백의 약점을 이용하여 살려야 한다. 어디서부터 두어야 하는가?

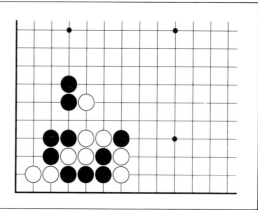

1도 실패

흑1은 단순한 백2로 실패. 흑3으로 급소를 두어도 백4로 단수치면 흑은 한수 부족. 흑1의 뻗는 수는 완착이다.

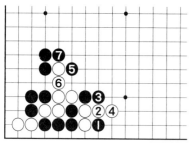

2도 정해

흑1의 배붙임이 묘수이다. 백2로 둘 수밖에 없을 때 선수로 흑3을 두어 백4를 유도한 후 흑5로 쌍립의 급소에 두면 흑이 한수 빠르다.

3도 정해

전도에서 흑5로 급소에 둘 때 백6이면 흑7로 역시 백 성공.

문제 4 (백차례)

백은 귀의 두점을 잡아야 한다. 평범한 수로는 오히려 백 세점이 잡힌다. 어떻게 두어야 하는가?

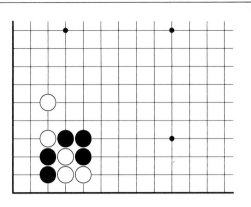

1도 실패

백1로 내리면 흑2로 수싸움에서 백이 이길 수 없다.

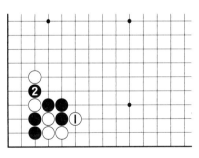

2도 실패

백1로 백 세점을 살리면 흑2로 백의 요석이 잡혀 실패. 역시 백1도 내키지 않는 구상이다.

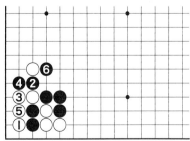

3도 정해

백1의 배붙임이 묘수. 흑2로 단수치면 백3으로 두고 흑4로 수를 줄여도 백5로써 흑 두점을 잡는다.

날일자 건너붙이는 맥

문제 5 (흑차례)

백을 공격한다. 어느곳
에 두어야 공격이 되는가?

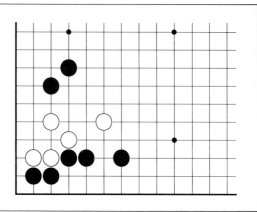

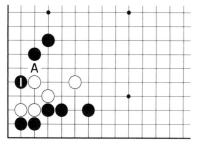

1도 실패

흑1의 마늘모는 백2로 별무소득. 백은
흑3을 당해도 변에서 후수로 근거를 마련
할 수 있어 심한 공격을 받지 않는다.

2도 정해

흑1이 최강의 맥점. 백A로 두면 흑은
넘어가고 백은 근거를 잃어 통렬한 공격
을 받는다. 이어서 -

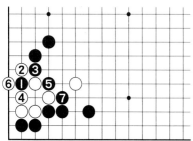

3도 변화

백2로 젖히면 흑3으로 끊고 백4, 6으로
흑 한점을 잡는다면 흑7로 백을 봉쇄하여
흑 대성공.

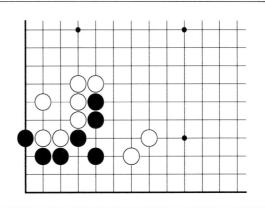

문제 6 (백차례)

백 두점을 안정하면서 흑을 공격하는 것이다. 어디서부터 두어야 하는가?

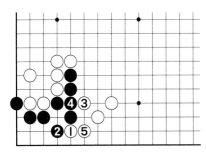

1도 실패

백1의 마늘모는 흑2로 두어 A의 곳 등 흑이 안정할 수 있는 여지가 있다. 따라서 백1은 흑을 도와준 결과이다.

2도 정해

백1의 붙임수가 맥점이다. 흑2로 받으면 백3을 선수하여 흑4로 받게 한 후 백5로 계속 이 흑을 공격하는 것이다.

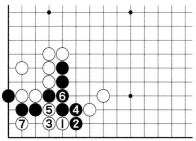

3도 변화

백1때 흑2로 젖히는 것은 백3으로 늘고 흑4 다음 백5로 끊어 귀를 잡아 백의 대성공.

날일자 건너붙이는 맥

문제 7 (흑차례)

변에 떨어져 있는 백 한 점이 A로 넘어가면 흑은 실속이 없게 된다. 효과적으로 백을 차단하려면 어떻게 두어야 하는가?

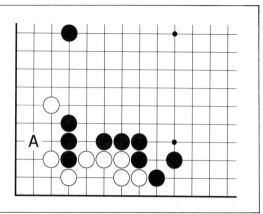

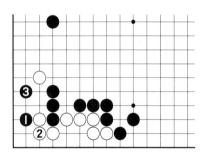

1도 실패

흑1로 두어 백2를 유도한 후 흑3으로 차단하면 귀의 백은 크게 살게되고 백 한 점의 공격도 확실하지 않아 흑1의 빈삼각으로 막는 수는 재고할 점.

2도 정해

흑1의 붙임수가 정해이다. 백2로 이으면 흑3으로 한칸 뛰어 확실히 백을 차단한다. 계속해서 -

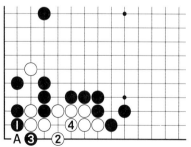

3도 계속

후에 흑1이면 백2로 두어야 하고, 흑3으로 젖히면 백4로 살아야 하므로 백의 집은 줄어들게 된다. 흑A로 잇는 것도 또한 선수이다.

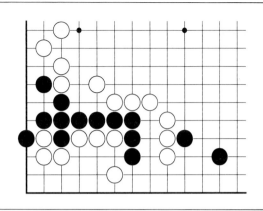

문제 8 (흑차례)

백에게 갇혀 있는 흑이 살기 위해서는 백을 잡거나 변의 흑과 연결해야 한다. 어떻게 두어야 하는가?

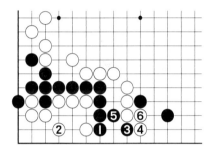

1도 실패

흑1로 그냥 내리는 것은 백2로 별무신통. 흑3으로 붙여도 백4로 젖힌 후에 잇게 되어 흑은 살 수 없다. 직접 막는 흑1은 수읽기 부족.

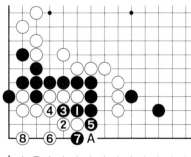

2도 실패

백을 끊기 위해 흑1로 들어가는 것은 백2로 늦추어 받고 흑3에는 백4로 잇는다. 흑5로 두어도 백6이면 흑A가 두어져도 효과가 없다.

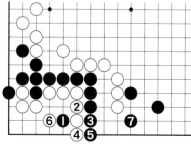

3도 정해

흑1의 붙임수가 정해이다. 백2로 두면 흑3으로 내려 넘는 수를 보고 백4로 막으면 흑5가 또 선수이다. 백6이 불가피하므로 흑7로 변과 연결하여 산다.

문제 9 (흑차례)

오른쪽의 흑 세점을 살리는 것이다. 백에게 잡혀 있는 흑 두점을 잘 이용해야 한다. 어디에 두어야 하는가 ?

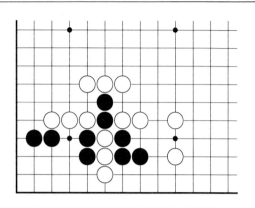

1도 실패

흑1로 두는 것은 책략이 부족한 수이다. 백2에 흑3으로 두어도 백4로 두점이 잡혀 흑 세점은 살아갈 수 없다.

2도 정해

흑1의 붙임수가 호착이다. 백2면 흑3으로 젖히고 백4때 흑5. 백6으로 흑7을 유도해도 백8로 흑 두점을 단수해야 하는데 흑9. 백10으로 흑 두점을 잡아도 ―

3도 계속

흑11이면 백은 자충이 되므로 A에 둘 수 없어 흑은 넘어가 산다.

문제 10 (백차례)

간혀 있는 백 네점을 귀의 백과 연결하여 살리는 것이다. 어떤 수순으로 연결할 수 있을까?

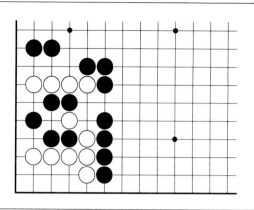

1도 실패

백1로 연결하려고 하면 흑2로 실패. 백3으로 단수해도 흑4로 백 한점을 잡게 되면 백은 연결이 불가능하다.

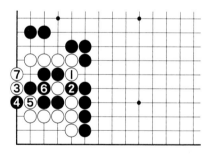

2도 정해

먼저 백1로 두어 흑2를 두게 한 후 백3으로 붙이는 수를 두는 것이 올바른 수순이다. 흑4로 젖혀도 백5로 끊으면서 단수가 되어 백7로 연결한다.

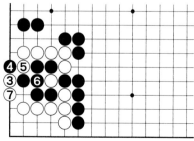

3도 정해

전도의 흑4로 반대방향으로 젖혀도 백5로 끊으면서 단수가 되어 백7로 연결이 된다.

문제 11 (흑차례)

흑 한점을 이용하여 백의 귀에서 수를 내는 것이다. 어떻게 두어야 수를 낼 수 있을까?

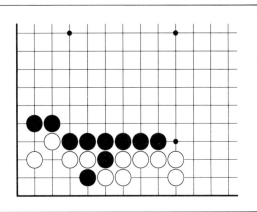

1도 정해

흑1의 붙임수가 정해. 백은 2로 흑 한점을 잡아야 한다. 흑3으로 단수치면 백4때 흑5로 넘는다. 흑이 A에 두는 것도 선수이다.

2도 변화

흑1로 붙였을 때 백2로 이으면 흑3으로 젖힌다. 백4로 막아도 흑5로 잇고 백6때 흑7로 나가면 백은 A에 나올 수 없어 전멸이다.

3도 변화

흑1로 붙였을 때 백2로 젖히는 것은 흑3으로 나오면서 백 두점이 단수이므로 흑5까지 역시 흑이 수싸움에서 이긴다.

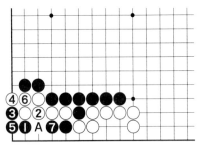

문제 12 (백차례)

흑과 백은 서로 세수씩 수싸움이다. 이 백은 올바른 수순을 밟아야 흑을 잡고 살 수 있다. 어떻게 두어야 하는가?

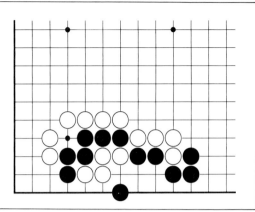

1도 실패

백1로 두는 것은 흑2로 젖히게 되는데 백3으로 단수쳐도 흑4로 잇는 수가 성립한다. 백은 자충이므로 백5로 둘 수밖에 없을 때 흑6으로 두어 백의 한수 부족이다.

2도 실패

백1로 젖혀 흑 두점을 단수한 후 백3으로 두어도 전도와 같은 모습으로 백이 잡히게 되어 실패이다.

3도 정해

먼저 백1로 붙이는 수가 묘수로서 흑2를 강요한 후 백3으로 두는 것이 수순이다. 흑4로 젖혀도 백5로 단수하고 흑6으로 이을 때 백7로 단수하면 흑은 이을 수가 없게 된다.

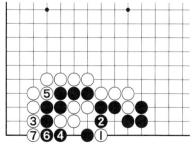

날일자 건너붙이는 맥

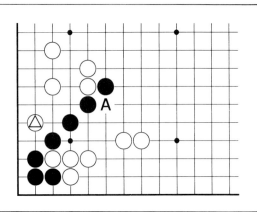

문제 13 (흑차례)

흑은 A의 단점과 백(△)의 들여다본 점을 동시에 막아야 한다. 이 어려움을 어떻게 수습해야 하는가?

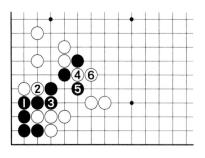

1도 실패

흑1로 약점을 보강하면 백2로 끊겨 이 흑은 망하게 된다. 따라서 흑1의 보강은 뿌리가 끊겨 낭패이다.

2도 실패

이번에는 들여다본 곳을 단순히 흑1로 이으면 백2를 선수당한 후 백4로 끊겨 전멸이다.

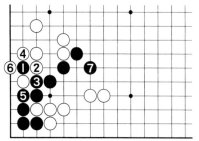

3도 정해

흑1로 붙여서 백2를 유도한 후에 흑3으로 끊고 백4로 단수칠 때 흑5를 선수 한 후 흑7로 보강하는 것이 올바른 수순이다.

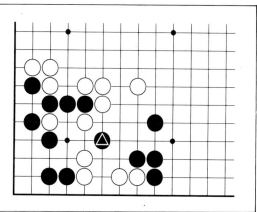

문제 14 (백차례)

백의 모습이 허술하여 흑(▲)이 들여다본 장면이다. 백은 양쪽으로 끊길 것 같다. 어떻게 수습을 해야 하는가?

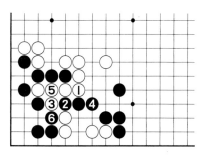

1도 실패

단순히 백1로 이으면 흑2로 끊겨 살 수 없다. 따라서 백1로 잇는 것은 너무 안일한 수.

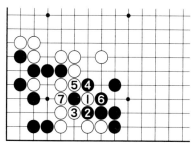

2도 실패

윗쪽을 이어도 흑2로 뚫려 백3때 흑4를 성립시킨다. 백5로 이을 수밖에 없을 때 흑6으로 끊겨 역시 불만이다.

3도 정해

백1로 붙이는 것이 타개의 맥점이다. 흑2로 끊으면 백3으로 두고 흑4로 단수칠 때 백5로 이으면서 단수를 한다. 흑이 따낼 수밖에 없을 때 백7로 두어 완전히 연결이 된다.

날일자 건너붙이는 맥

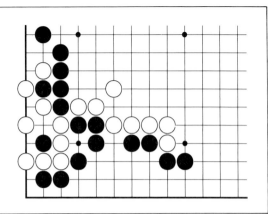

문제 15 (백차례)

왼쪽에 있는 백 아홉점
은 완전한 삶이 아니다.
흑의 약점을 이용하여 살
아야 한다. 어떻게 두어야
할까?

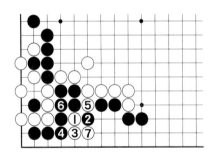

1도 실패

백1로 들여다보는 것은 흑2가 호수. 백
3으로 끊어도 흑4면 수부족으로 잡힌다.
따라서 들여다 본 백1은 수순착오이다.

2도 정해

백1의 붙임수가 묘수이다. 흑2로 단수
치고 흑4로 이어도 백5로 끊는 수가 선수
이므로 백7까지 수싸움에서 이긴다.

3도 변화

백1로 붙였을 때 흑2로 이으면 흑3으로
단수치고 백5로 이어서 귀의 흑 두점을
잡고 산다.

54

문제 16 (백차례)

아래쪽에 있는 백 아홉 점은 흑의 포위망 속에 있다. 흑 두점이 단수당하는 약점을 이용하여 살아야 한다. 어떻게 두어야 할까?

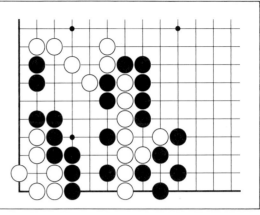

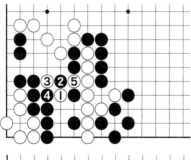

1도 실패

백1로 단수하는 것은 흑2로 실패의 전주곡. 백3에 흑4로 잇고 백5로 양단수 때 흑6으로 이으면 백은 두집을 낼 수 없고 수상전에서 진다.

2도 정해

백1로 붙이는 것이 이때의 맥이다. 흑2로 젖히면 백3으로 되젖혀 흑4로 단수칠 때 백5.

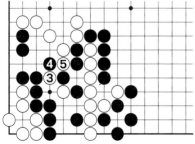

3도 계속

전도에서 흑4면 백5로 단수하여 전도와 대동소이하다.

문제 17 (백차례)

갇혀 있는 백이 수를 내어 흑을 잡는 것이다. 수순이 틀리면 꼬리만 잡고 몸은 살려주게 된다. 어떤 수순이 바른 수순인가?

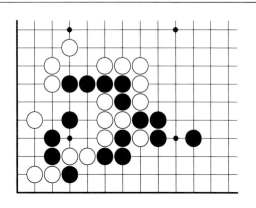

1도 실패

단순히 백1로 흑 한점을 잡으면 흑2로 끊겨 백A를 둔다 하더라도 실패. 따라서 백1은 단수를 못본 완착이다.

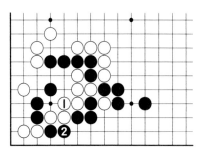

2도 실패

끊기는 약점 때문에 백1로 이으면 흑2로 넘어가서 백은 더 큰 피해를 당한다. 이것은 백의 욕심.

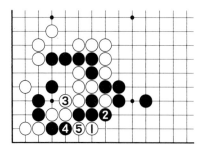

3도 정해

백1로 붙이는 것이 올바른 맥이다. 흑2로 받으면 그때 백3으로 약점을 잇는다. 흑4로 끊겨도 백5로 두어 흑 두점을 잡는다.

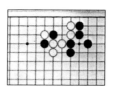

치중의 맥

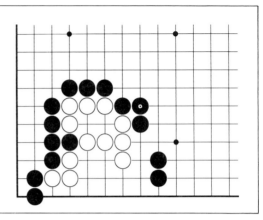

문제 1 (흑차례)

일견 살아 있는 것처럼 보이는 백을 잡는 것이다. 어디서부터 두어야 이 백을 잡을 수 있을까?

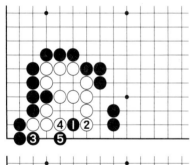

1도 실패

흑1은 백이 2로 잇게 된다. 흑3으로 급소를 두지만 백4면 흑 두점이 잡히기 때문에 실패이다.

2도 정해

흑1로 치중을 해야한다. 백2로 넘는 수를 방지하면 흑3이 침착한 수. 백4를 두어도 흑5로 넘으면 백은 옥집이 되어 살수 없다.

3도 변화

전도의 흑3때 백4로 두면 흑5로 넘는 수와 끊는 수를 맞보기로 하여 백을 잡는다.

문제 2 (백차례)

흑은 한집이 있다. 귀에서 한집을 내지 못하도록 해야 한다. 어디에 두어야 이 흑을 잡을 수 있을까?

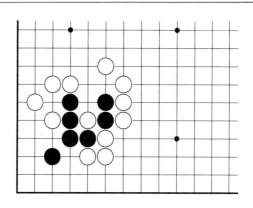

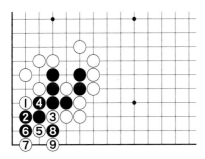

1도 실패

백1의 마늘모는 흑2로 미흡. 백3으로 선수하면 흑4로 둘 수밖에 없을 때 백5로 젖혀 흑6으로 막게 한다. 이어서 백7로 이단 젖혀 흑8, 백9까지 패를 만드는 수는 있으나 흑의 선패가 불만.

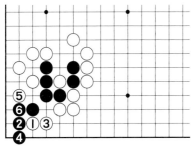

2도 실패

백1의 붙임수는 흑2로 받아 백3으로 연결해야 하는데 흑4로 뻗어 귀에서 집을 내고 흑 전체가 살게 된다.

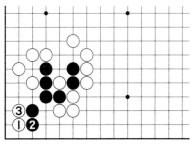

3도 정해

백1의 치중이 정해이다. 흑2로 막으면 백3으로 넘어가 흑은 귀에서 집을 낼 수 없다.

문제 3 (백차례)

귀의 흑을 잡기 위해서
는 수단을 강구해야 한다.
어떤 수단으로 흑을 잡아
야 할까?

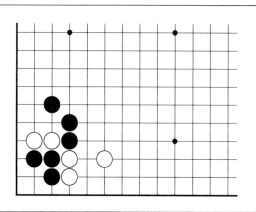

1도 실패

백1로 젖히는 것은 흑2로 실패. 백3으
로 단수하면 흑4로 백 한점이 잡히며 흑6
으로 선수를 당한 후 흑8로 백의 한수 부
족.

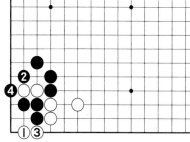

2도 실패

백1로 치중하면 흑2. 역시 백3으로 넘
어가도 흑4로 백 두점이 잡히면 백의 별
무소득이다.

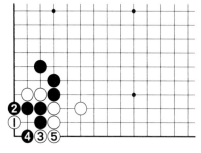

3도 정해

백1로 치중하면 흑2는 불가피. 이때 백
3으로 젖혀 흑4때 백5로 이으면 흑을 잡
을 수 있다.

문제 4 (흑차례)

흑 일곱점이 백에게 포위되어 있다. 그러나 백도 약점이 있으므로 살아갈 수 있을 것 같다. 어디에 두어야 할까?

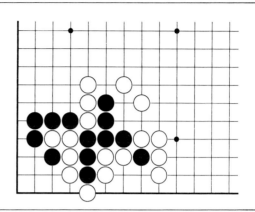

1도 실패

흑1로 단수하면 백2로 잇는다. 그냥 흑3으로 단수하는 것은 백4로 이어 흑은 살 수 없다.

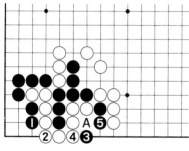

2도 정해

단순히 흑1과 백2를 교환한 다음 흑3으로 백4를 두게 해야 흑5가 성립한다. 백은 자충이 되어 A에 단수할 수 없다.

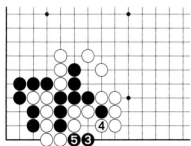

3도 변화

전도에서 흑3으로 둘 때 백4로 흑 한점을 잡으면 흑5로 끊어 백 여섯점을 잡고 산다.

문제 5 (백차례)

오른쪽 백 두점까지 살리는 것이다. 어디서부터 두어야 흑을 잡으면서 백을 살릴 수 있을까?

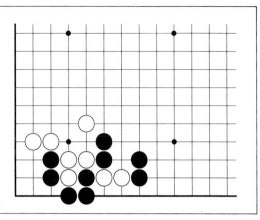

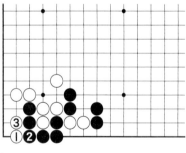

1도 실패

백1로 두는 것은 흑2. 백3으로 흑 두점을 잡아도 흑4로 두어 오른쪽 백 두점이 잡혀서는 실패이다.

2도 정해

백1로 치중하는 것이 정해이다. 흑2로 이으면 백3으로 두어 한수 빠르다.

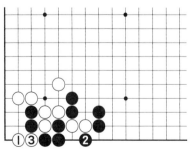

3도 변화

백1로 치중했을 때 흑2로 두어도 백3으로 끊으면 연단수가 되어 흑이 살아갈 수 없다.

문제 6 (흑차례)

백 세점이 허술하게 보인다. 어떻게 공격하는 것이 좋은가?

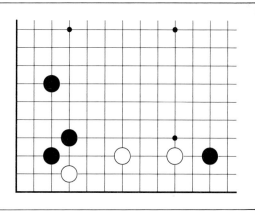

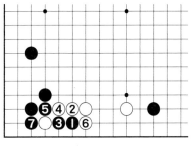

1도 정해

흑1의 치중. 흑3으로 두어서 이하 번호 순으로 두면 백은 근거를 잃게 되고 그만큼 흑이 좋다.

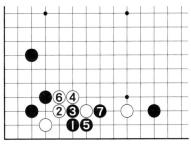

2도 변화

만약 흑1의 치중에 백2로 받으면 흑3으로 나와 백의 약점을 만든 다음 흑5로 민다. 백6으로 잇고 흑7로 단수치면 백은 양분되어 심한 공격을 받는다.

3도 변화

전도에서 흑5로 둘 때 잇지 않고 백6으로 늘면 흑7로 나간다. 백8로 막아도 흑9로 단수치고 흑11로 끊는다. 계속해서 백12로 나가면 흑15 젖힘이 호착으로 흑21이하 귀삼수 수순에 의해 백을 잡는다.

문제 7 (흑차례)

귀의 흑 네점을 구출하는 것이다. 끊겨있는 백두점 때문에 쉽지 않을 것 같다. 어떻게 두어야 하는가?

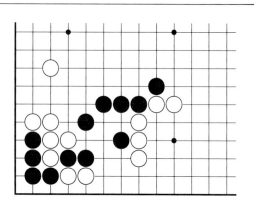

1도 실패

흑1로 끄는 것은 백2로 같이 나가 오른쪽 백과 연결이 되므로 한수 앞을 못본 결과이다.

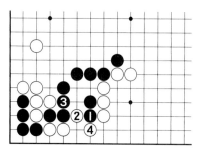

2도 실패

그렇다면 흑1로 막고 보는 것은 어떤가? 그것은 백2로 단수치고 백4로 넘어가서 흑이 한 일이 없게 된다.

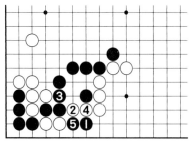

3도 정해

오른쪽 백과 연결을 방해하는 흑1이 묘착이다. 백2로 단수치고 백4로 넘어도 흑5로 끊을 수 있으므로 백 두점을 잡고 귀의 흑이 산다.

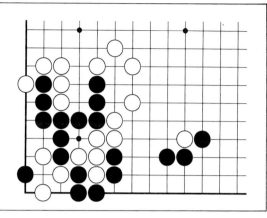

문제 8 (백차례)

귀의 백 세점을 살리기 위하여 흑을 잡아야 한다. 어느쪽의 흑을 잡아야 백이 살 수 있는가?

1도 실패

단순히 백1로 젖히면 흑2로 끊는다. 백3으로 단수쳐도 흑4로 한점을 잡으면 끝이다. 만일 흑4로 A에 이으면 백B로 단수쳐서 환격이 되어 흑이 망한다.

2도 정해

백1로 치중하는 것이 정해이다. 흑2로 끊으면 백3의 단수와 함께 환격으로 흑이 잡힌다.

3도 변화

백1로 치중할 때 흑2로 받으면 귀쪽에서 백3으로 단수한 후 흑4로 이을 때 백5로 회돌이 축이다.

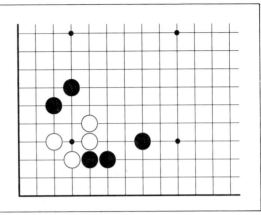

문제 9 (흑차례)

실전에서 자주 나오는 모습이다. 흑은 어떻게 이 백을 공격하여야 하는가?

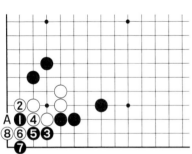

1도 실패

흑1의 마늘모는 백2로 받아 무소득. 백은 귀가 커서 심한 공격은 받지 않게 된다. 흑1의 마늘모에 백A나 백B로 받는 것은 박력부족.

2도 정해

흑1의 치중이 급소. 백2로 막으면 흑3으로 두어 넘는 수를 본다. 백6으로 끊어 흑7로 단수칠 때 백8로 내리는 것이 정수이다. 백A로 흑 한점을 잡으면 나중에 패가 남는다.

3도 변화

흑1의 치중에 백2로 받는 것은 흑5까지 백의 볼품없는 모습.

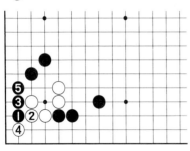

문제 10 (백차례)

귀의 백은 완전히 살아 있는 것이 아니다. 끊고 있는 흑을 잡고 살아야 한다. 어떻게 두어야 하는가?

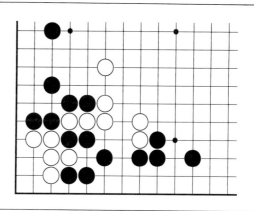

1도 실패

직접 백1로 단수치고 백3으로 치중하는 것은 흑4로 잇게 되고 백5로 나가 끊어도 흑6이면 백은 수부족으로 죽는다.

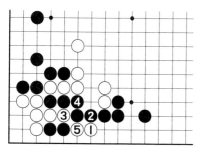

2도 정해

백1로 먼저 치중하는 수가 호착. 흑2 이음이 불가피할 때 백3으로 단수치는 것이 바른 수순이다. 흑4로 이으면 백5로 끊어 흑 두점을 잡고 산다.

3도 변화

백1로 치중할 때 흑2로 이으면 백3으로 나가 흑을 양분한다. 흑4로 끊어도 백5로 흑은 크게 망한 모습이다.

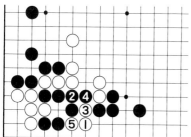

치중의 맥

문제 11 (흑차례)

갇혀있는 흑이 살아가는 것이다. 백의 허술한 점을 이용해야 한다. 흑은 어떻게 두어야 하는가?

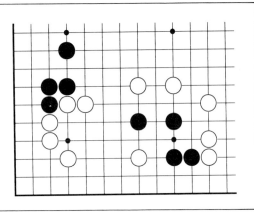

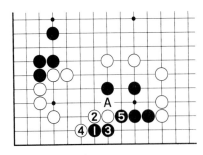

1도 실패

흑1로 붙이는 것은 백2로 미흡. 흑3이면 백4, 백6을 당해서 곤궁한 모습이다. 이제 흑A로 두어 두집을 내는 바둑은 두고 싶지 않다.

2도 정해

백1로 치중하는 것이 정해. 백2면 흑3으로 넘고 백4로 막으면 흑5로 치받는다. 흑A가 선수가 되어 흑이 멋지게 수습한 장면이다.

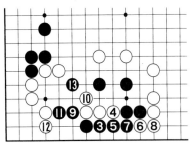

3도 변화

흑3으로 둘 때 백4로 공격해오면 흑5로 넘고, 백6, 백8로 젖혀이으면 흑9로 세점머리를 두드린 후 백12때 흑13의 장문으로 흑은 크게 산다.

문제 12 (흑차례)

흑 세점과 백 다섯점의 수싸움이다. 흑은 어떻게 두어야 백을 잡고 살 수 있을까?

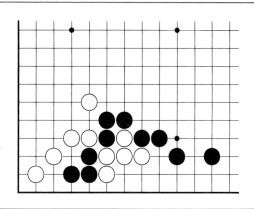

1도 실패

흑1로 붙이는 것은 백2로 젖혀서 실패. 흑3에는 백4로 단수친다. 흑5로 몰면 백6으로 한점을 잡아서 백은 유가, 흑은 무가.

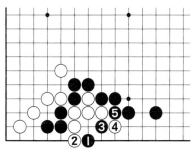

2도 정해

흑1로 치중하는 수가 멋진 맥점으로 백2로 막으면 흑3으로 붙여서 백4로 끊겨도 흑5가 성립, 백의 한수 부족이다.

3도 변화

전도에서 흑3으로 붙일 때 백4로 두면 흑5로 역시 백이 살아갈 수 없게 된다.

소 탐 대 실 (小 貪 大 失)

글자 그대로 작은 이득에 욕심을 내면
큰 것을 잃게 된다. 큰 이득을 바란다면
작은 것을 버릴 줄 알아야 하는데 사람들은
작은 것도 차지하고 큰 것도 차지하려고 하다가
전부를 잃게 되니 먼저 헛된 욕심을 버리지
않으면 안된다.

이 말을 뒤집어 보면, 작은 이해관계로 상대를
유혹하여 큰 것에 눈을 돌리지 못하게 하면 그
바둑은 능히 이길 수 있다는 뜻과 다름이 없다.
이와같은 소탐대실은 바둑에서 뿐만 아니라
우리들이 사회생활을 하는데도 그대로 적용되는
이치로, 평범하고도 지당한 진리이다.

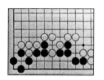

끊는 맥

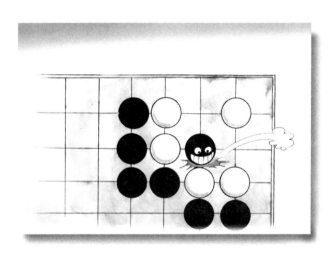

끊는 맥

문제 1 (백차례)

'어려울 때 끊어야 한다'
는 격언이 있다. 지금 백
은 흑집을 줄이고 싶다.
어떻게 두어야 할까?

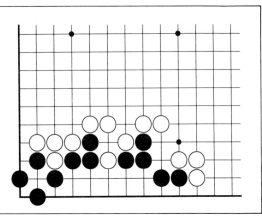

1도 실패

백1로 직접 내리는 것은 흑2로 단수친
후 백3으로 이을 때 흑4로 아무 수가 되
지 않는다.

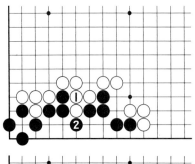

2도 실패

그렇다고 백1로 잇는 것은 흑2로 넘겨
주어 흑에게 아무런 피해도 주지 않는다.
역시 백의 무책.

3도 정해

백1로 끊고 흑2로 받을 때 백3으로 내
리는 것이 바른 수순이다. 백1때 흑2를
백3쪽으로 두는 것은 백2로 환격.

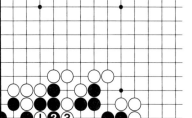

72

문제 2 (백차례)

백 네점이 흑에게 갇혀 있는 모습이다. 흑의 약점을 이용하여 오른쪽의 백과 연결하여 살아가고 싶다. 어떻게 두어야 할까?

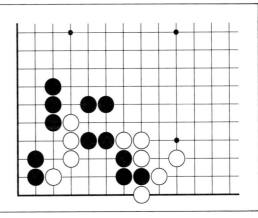

1도 실패

백1의 마늘모는 흑2를 두게 하여 오른쪽의 백과 연결할 수 없다. 물론 잘못하여 흑2를 A로 두면 백은 넘게 되지만 …

2도 실패

백1로 끊으면 흑2를 둘 수밖에 없다. 그러나 백3이면 흑 세점을 주고 흑4로 차단 당하여 백의 소탐대실이다.

3도 정해

전도에서 백3으로 흑 세점을 잡는 수는 실착으로 백3의 젖힘이 호착. 흑4때 백5로 넘으면 확실하게 연결된다.

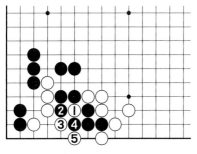

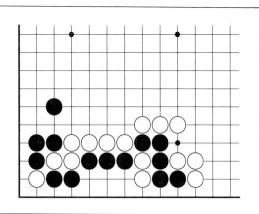

문제 3 (백차례)

흑진 속에 갇혀 있는 백이 움직여서 수를 내는 것이다. 어디서부터 움직여야 수를 낼 수 있을까?

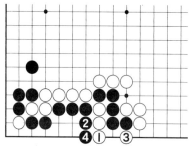

1도 실패

간혀 있는 백 두점을 직접 움직이는 것은 백의 실패이다. 백1로 두어도 흑2로 막고 백3으로 단수쳐도 흑4로 이어서 그만이다.

2도 실패

백1로 내리면 흑은 2로 두게 된다. 백3으로 두어도 흑4로 단수치면 백은 이어갈 수 없어 역시 백의 실패이다.

3도 정해

백1로 먼저 끊어두고 흑2로 잡을 때 백3으로 내리는 것이 정맥이다. 흑4로 두어도 백5면 흑은 끊어둔 백 한점 때문에 단수를 칠 수 없다.

문제 4 (흑차례)

백이 엷은 형태이다. 흑은 왼쪽의 백과 오른쪽의 백을 분리하려고 한다. 흑은 어떻게 두어야 할까?

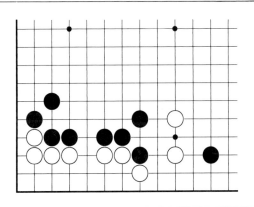

1도 실패

흑1로 직접 젖히는 것은 백2의 단수 다음 백4로 잇게 하여 백을 분리하는 데 실패한다.

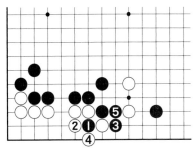

2도 정해

먼저 흑1로 끊어 백2를 받게 한 후 흑3으로 단수치는 것이 수순이다. 백4로 한 점을 잡으면 흑5로 이어 백을 분리한다.

3도 변화

흑1로 끊을 때 백2로 단수치면 흑3으로 단수하면서 뚫게 되는데 백이 크게 망한 모습이다.

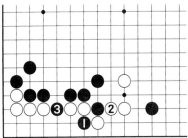

문제 5 (흑차례)

백에게 갇힌 흑 세점이 귀의 흑과 연결하려 한다. 수순에 주의해야 하는데 어떻게 두어야 할까?

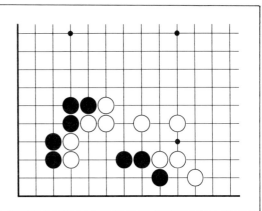

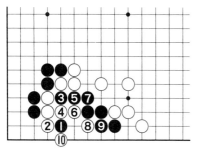

1도 실패

흑1로 두면 백2로 막는 수로 실패. 흑3으로 끊어도 백4로 단수치면서 백8까지 흑을 공격한다. 흑9로 이으면 백10으로 단수하여 흑은 유가무가를 면할 길이 없다.

2도 정해

먼저 흑1로 끊어 백2로 단수칠 때 흑3으로 두는 것이 바른 수순이다. 백4로 흑 한점을 잡을 때 흑5로 넘게 되어 흑의 성공.

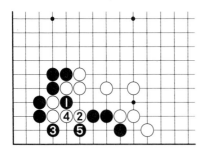

3도 변화

흑1로 끊을 때 백2로 받는 것은 흑3으로 단수친 후 흑5로 넘게 되어 역시 흑의 만족.

문제 6 (백차례)

왼쪽의 백이 흑에게 갇혀 있다. 어떻게 두면 오른쪽 백과 연결이 될까?

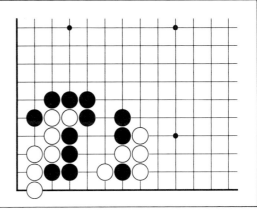

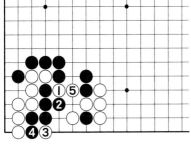

1도 실패

단순히 백1로 밀고 들어가면 흑2로 막아서 실패. 백3으로 끊어도 흑4로 단수하면 흑6까지 백은 연결이 불가능하고 살길 또한 없다.

2도 정해

먼저 백1로 끊어 흑2로 단수칠 때 백3으로 두는 것이 바른 수순이다. 흑4로 막아도 백5로 두면 흑은 자충이 되어 단수를 칠 수 없다.

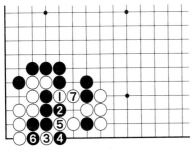

3도 변화

전도에서 백3때 흑4로 두어도 백5로 끊으면 백6으로 백 한점을 따야 하는데 그 다음 백7로 두면 역시 흑은 자충이 되어 백을 끊을 수가 없다.

문제 7 (흑차례)

왼쪽의 흑이 백에게 갇혀 있는 모습이다. 어떻게 두어야 오른쪽 흑과 연결할 수 있을까?

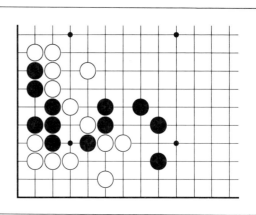

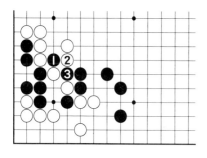

1도 실패

흑1로 단수치고 백2로 연결시켜주는 것은 책략이 부족한 수. 흑3으로 단수쳐도 백4로 이으면 흑은 살 수 없다.

2도 정해

먼저 흑1로 끊어 백2로 받을 때 흑3으로 단수치는 것이 바른 수순이다. 백은 이을 수가 없어 흑은 백 한점을 잡고 오른쪽 흑과 연결된다.

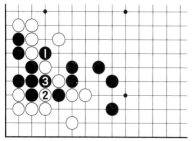

3도 변화

흑1로 끊는 수가 호착으로 백2로 몰면 흑3으로 단수하여 백은 자충을 면할 길이 없다.

끊는 맥

문제 8 (백차례)

백은 흑 ▲ 두점을 잡아야 양곤마를 동시에 타개하게 된다. 어떻게 두어야 하는가?

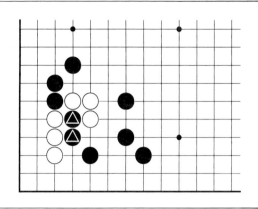

1도 실패

백1로 단수하는 것은 흑2로 이어 실패. 백3으로 젖혀도 흑4로 넘어가고 만다.

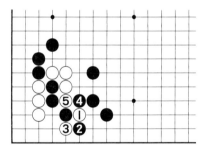

2도 정해

백1로 붙이고 흑2로 젖힐 때 백3으로 끊는 것이 통렬하다. 흑4로 단수쳐도 백5로 끊어 흑 두점을 잡아서 백의 모습이 활발하게 된다.

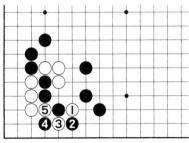

3도 변화

백3으로 끊을 때 흑4로 아래쪽을 단수치면 백5로 두어 역시 흑 두점을 잡고 백은 무난히 연결된다.

문제 9 (흑차례)

중앙의 흑 여섯점은 탈
출할 수 없다. 그렇다면
백의 약점을 이용하여 살
아야 한다. 어떤 수순으로
두어야 하는가?

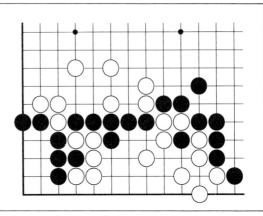

1도 실패

흑1로 두면 백2로 별무신통. 흑3으로
두어도 백4로 끊겨 흑의 수부족이므로 다
른 대책을 강구해야 한다.

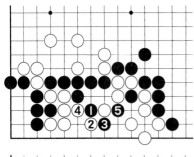

2도 정해

흑1로 붙이고 백2로 젖힐 때 흑3으로
끊는 것이 바른 수순이다. 백4로 두어도
흑5로 단수치면 흑은 산다.

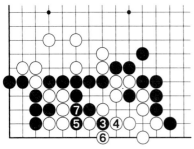

3도 변화

전도에서 흑3으로 끊었을 때 백4로 아
래쪽을 단수치면 흑5로 되단수해서 백6으
로 흑 한점을 따게 한 후 흑7로 이으면
흑의 큰 이득.

문제 10 (흑차례)

흑은 백이 A로 젖히는 수를 효과적으로 두어야 한다. 흑은 어떻게 막아야 하는가 ?

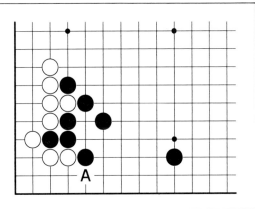

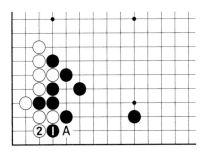

1도 실패

단순히 흑1로 내리는 것은 백이 선수를 활용한 모습으로 흑의 후수이다.

2도 실패

그렇다고 흑1로 젖히는 것은 우선은 백2를 강요하는 효과는 있지만 후에 백A로 끊는 수가 선수로 남는 것이 크다.

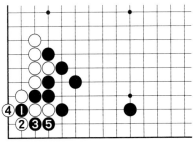

3도 정해

흑1로 끊는 수가 맥점. 백2때 흑3으로 끊고 백4로 흑 한점을 잡게한 후 흑5로 단수하는 것이 바른 수순이다.

문제 11 (흑차례)

백에게 갇혀 있는 흑
두점이 쓸모가 있을 것
같다. 어떤 수순으로
두어야 하는가?

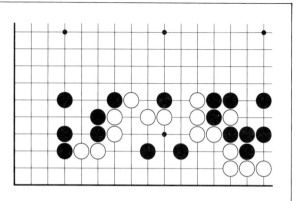

1도 실패

흑1로 직접 내리는 것은 백2로 흑
의 실패이다. 이후 흑A는 백B이고 흑
C로 두어도 백D의 치중으로 흑이 안
된다.

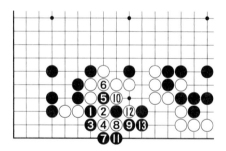

2도 정해

흑1로 끊는 수가 맥점. 흑3에 백4
면 흑5로 끊어 백6을 두게 한 후 흑
7 이하 번호순으로 흑의 성공이다.

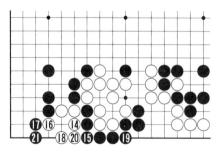

3도 계속

전도에 이어 백14로 단수쳐도 흑
15로 잇고 백16으로 젖히면 흑17로
막아 이하 번호순으로 흑이 수싸움
에서 이긴다.

문제 12 (백차례)

갇혀 있는 백 일곱점은 왼쪽의 흑에 한수가 부족하다. 그렇다고 백A는 흑B로 자충이다. 백은 어떻게 두어야 하는가?

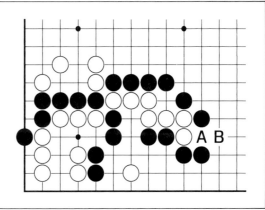

1도 실패

백1로 끊으면 흑2로 그만. 그러면 백은 수부족으로 다음수가 없다.

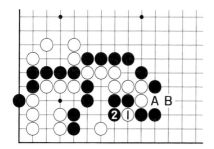

2도 정해

먼저 백1로 끼워서 흑2를 두게 한 후 백3으로 단수치는 것이 바른 수순이다. 흑4로 백 한점을 잡으면 백5로 다시 단수한다.

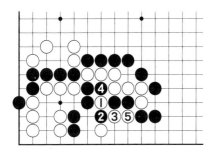

3도 계속

흑6으로 이어도 백7로 단수하면 흑은 더이상 살 수가 없다. 백의 성공.

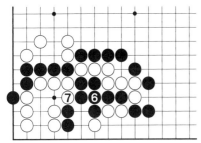

경 적 필 패 (輕 敵 必 敗)

어 어떤 경기에서든 상대를 무시하면 지기 마련이니
예부터 일러오는 가르침이다.
바둑에서 특히 따라야 할 교훈으로, 바둑두는
사람들이 언제나 입버릇처럼 되뇌는 글귀인데
너무나 평범한 진리라 입으로만 왼다.
자기보다 잘 두는 사람앞에서는 겁을 내어
움추리고, 조금 처지는 듯한 상대는 얕게
되는 것이 인지상정이라지만, 그같은 망녕된 마음을
닦아내고 자중하는 사람에게는 승리가 돌아간다.
우리들의 사회생활에서도 이 경적필패는 적용되는
말이다. 조금 강한 상대에게는 위축되기 쉽고,
상대방에 따라서는 오만하게 대하는 경우가
없다고 할 수 없으니 그로 인한 눈에 보이지
않는 손실은 돌이킬 수가 없다.

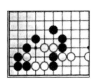

되젖히는 맥

문제 1 (흑차례)

흑 두점이 움직여서 수를 내야 한다. 어디서부터 두어야 수를 낼 수 있을까?

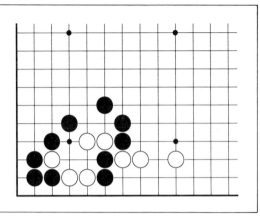

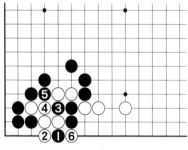

1도 실패

흑1로 나가 백2로 막을 때 흑3으로 끊는 것은 백4로 단수를 당해 흑의 무모.

2도 실패

흑1로 젖힌 후에 흑3으로 나가 끊는 것도 백6으로 흑 한점을 잡으면서 단수가 되어 역시 흑의 무리.

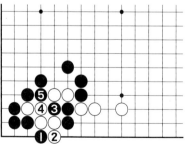

3도 정해

흑1로 젖힌 후 백2로 받을 때 흑3으로 나가 끊는 것이 바른 수순이다. 백4때 흑5로 단수치면 흑의 성공이다.

문제 2 (흑차례)

흑과 백은 세수와 네수로 흑이 불리하다. 그러나 백도 약점이 있다. 어떻게 두어야 하는가?

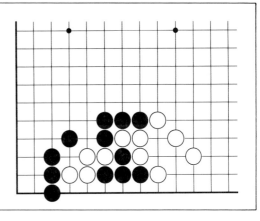

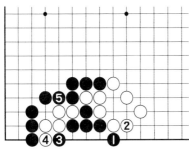

1도 실패

흑1로 젖히는 것은 백도 2로 같이 젖힌다. 흑3으로 넘어도 백4로 환격을 당해 흑이 먼저 죽는다.

2도 정해

흑1로 백2를 받게 한 후 흑3으로 두는 것이 정해. 백4로 두어도 흑5로 단수를 쳐서 흑의 성공이다.

3도 변화

흑1과 백2를 교환한 후 흑3으로 두었을 때 1도처럼 백4를 두어도 흑5로 넘는 것은 거의 같지만 1선에 흑1의 젖힘이 한수 느는 결과가 됨을 알 수 있다.

문제 3 (흑차례)

흑 한점을 효과적으로 이용하는 방법을 연구해야 한다. 흑은 어떻게 두어야 할까?

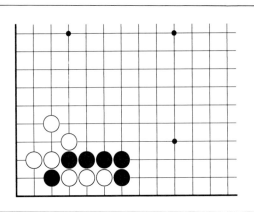

1도 실패

흑1로 둔 후 백2로 막을 때 흑3으로 꼬부리는 것은 백4로 이어서 흑의 수부족으로 다음수가 없다.

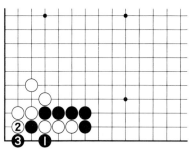

2도 정해

흑1로 젖히고 백2로 단수할 때 흑3으로 받아 패를 하는 것이 정해이다.

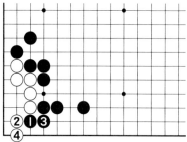

3도 참고

흑1로 젖혀 백2로 막을 때 흑3으로 잇는 것은 백4로 뻗어 흑의 실패이다. 흑3으로는 백4쪽으로 두어 패맛을 노리는 수단이 남아 있다.

문제 4 (백차례)

갇혀 있는 백 세점은 세 수 남았다. 백은 수를 계속해서 줄여야만 한다. 어떤 수순으로 두어야 하는가?

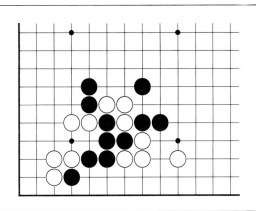

1도 실패

백1로 젖히면 흑2때 백3으로 이어야 한다. 그러나 흑4로 두면 백 세점이 잡혀 이것은 백의 실패이다.

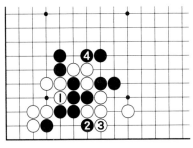

2도 실패

백1로 두는 것도 흑2로 젖혀 백3으로 받게 하면 그 자체로 흑의 수가 는다. 그 후 흑4로 두면 백 세점이 잡혀 이것도 백의 실패이다.

3도 정해

백1로 젖히고 흑2로 받을 때 백3으로 되젖히는 것이 요령이다. 흑4로 단수해도 백5로 되단수하여 흑6으로 한점을 잡을 때 백7로 이으면 백이 한수 빠르다.

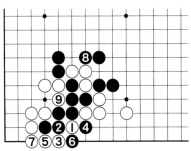

문제 5 (흑차례)

간혀 있는 흑 세점은 귀의 백을 잡아야 산다. 어떻게 두어야 흑은 백을 잡고 살 수 있을까?

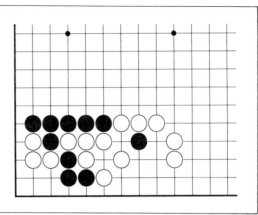

1도 실패

흑1로 직접 움직이는 것은 백2로 막고 흑3으로 젖혀도 백4로 젖혀 흑은 한수 부족이며 또한 흑의 책략 부족이다.

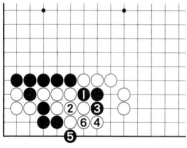

2도 정해

먼저 흑1로 끊어 백2로 잇게 한다. 흑3으로 내리면 백4로 젖히고 흑5로 단수. 백6으로 이을 수밖에 없을 때 −

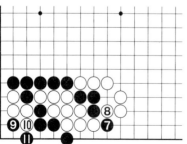

3도 계속

흑7로 젖혀서 백8과 교환하는 것이 매우 중요한 수순이다. 그런 다음 흑9로 붙이면 백10으로 나와도 흑11로 막아 백을 잡는다.

문제 6 (흑차례)

귀의 흑이 살기 위해서는 백의 약점을 이용하여 살아야 한다. 흑은 어떻게 두어야 할까?

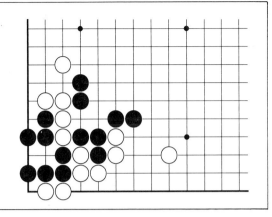

1도 실패

흑1로 붙이는 것은 백2로 젖혀 고스란히 백이 연결된다. 흑3으로 단수쳐도 백4로 이어서 그만. 이것은 흑의 수읽기 부족이다.

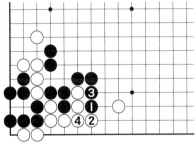

2도 정해

흑1로 오른쪽 백에 붙여서 백2로 젖힐 때 흑3으로 되젖히는 것이 요령. 백4로 끊어도 흑5가 선수이며 백6으로 흑 한점을 잡을 때 흑7로 두어 그만이다.

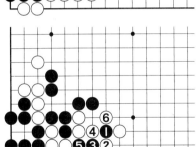

3도 변화

전도에서 흑3으로 되젖혔을 때 백4로 잇는 것은 흑5로 백은 오히려 더 크게 잡힌다.

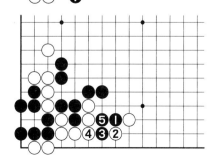

문제 7 (백차례)

흑 네점과 백 네점의 수 상전이다. 백은 어떻게 두 어야 흑과의 수싸움에서 이길 수 있을까?

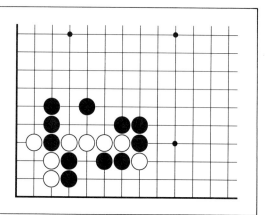

1도 실패

백1로 젖히면 흑2로 받을 수밖에 없다. 이때 백3으로 이으면 흑4로 실패. 백5로 젖혀도 흑6으로 막고 백7로 이을 때 흑8 이면 백은 수상전에서 한수 부족이다.

2도 정해

여기서는 전도와 같이 잇지 않고 백3으 로 되젖히는 것이 요령이다. 흑4로 단수 쳐도 백5로 두면 흑은 이을 수가 없다.

3도 변화

백3으로 되젖혔을 때 흑4로 단수치지 않고 이으면 백5로 잇는다. 흑6으로 수조 임해도 백7로 젖히면 백의 성공이다.

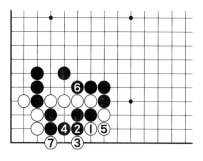

문제 8 (백차례)

갇혀 있는 백(△) 한점을 이용하여 흑 전체를 잡는 것이다. 어떤 수순으로 잡아야 하는가?

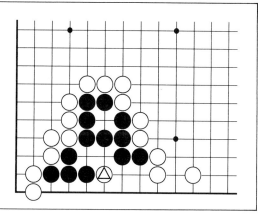

1도 실패

백1로 넘는 수는 흑2로 찌르고 백3으로 넘어도 흑4로 먹여친 후 흑6이 선수가 된다. 백7로 연결하면 흑8로 삶.

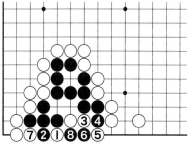

2도 정해

백1로 젖혀두고 흑2때 백3으로 나가는 것이 바른 수순이다. 흑4로 받으면 백5로 넘고 흑6으로 먹여칠 때 백7로 단수치는 것이 중요한 수순이다. 흑8로 잡으면 -

3도 계속

백9로 다시 되따낼 수 있다. 흑10으로 한점을 잡으면 백11로 이어 흑을 잡는다. ⑩…△

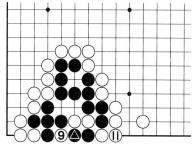

문제 9 (흑차례)

갇혀 있는 것처럼 보이는 흑 네점을 구출하는 것이다. 흑은 어떻게 두어야 이 어려움에서 벗어날 수 있을까?

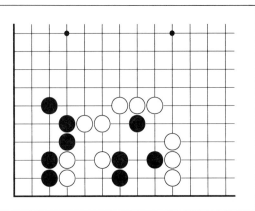

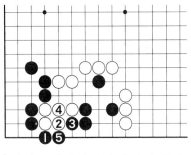

1도 실패

흑1, 흑3으로 단순히 끊자는 수는 책략 부족으로 백4, 6으로 비켜가서 흑의 실패.

2도 정해

먼저 흑1로 젖히고 백2로 받을 때 흑3으로 두는 것이 수순이다. 백4로 받을 때 흑5로 넘어가 연결하면 성공이다.

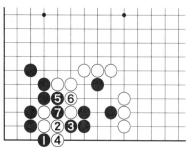

3도 변화

전도에서 흑3으로 둘 때 백4로 막으면 흑5로 나가고 백6으로 이을 때 흑7로 끊어서 백은 크게 손해를 보게 된다.

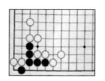

1선에 한칸뛰는 맥

문제 1 (백차례)

백 두점을 움직여서 흑 전체를 잡는 것이다. 백은 어떻게 두어야 하는가 ?

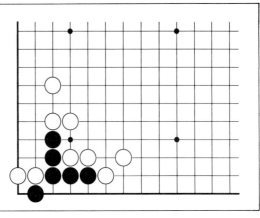

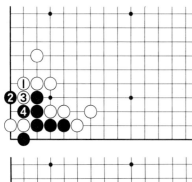

1도 실패

백1로 단순히 넘는 수는 흑2, 4를 당하여 흑을 너무 쉽게 살려준다.

2도 실패

백1로 내리는 것은 흑2 한칸뜀의 호착을 당해 백3으로 나가도 흑4로 뚫려 백 두점을 살릴 수 없다.

3도 정해

백1의 1선에 한칸 뛰는 수가 침착한 맥으로 흑2로 꼬부려도 백3으로 넘어 흑을 잡는다.

문제 2 (흑차례)

백(△)이 흑을 분단하려고 젖힌 장면이다. 흑은 어떻게 두어야 하는가?

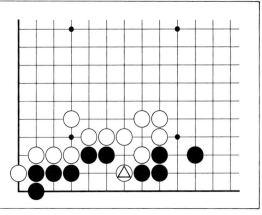

1도 실패

흑1로 넘자는 수는 백2 젖힘을 당해 곤란하다. 흑3으로 두어도 백4로 이으면 흑은 자충이 되어 A에 둘 수 없다.

2도 실패

흑1로 직접 끊으면 백2의 역습을 당해 흑3 다음 백의 꽃놀이 패를 면할 길이 없다.

3도 정해

흑1이 침착 냉정한 가착. 백2로 이으면 흑3으로 넘는다. 백2로 A에 두는 것은 흑B에 이어 맞보기로 넘는다.

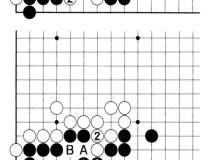

문제 3 (흑차례)

흑 일곱점이 백의 포위
망을 뚫고 중앙으로 탈출
해야 한다. 흑은 어떻게
두어야 할까?

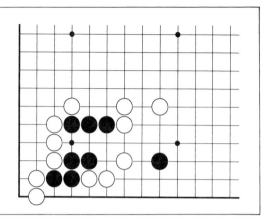

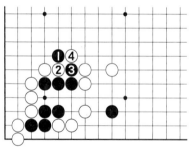

1도 실패

흑1로 두어 중앙으로 탈출하려고 하는
것은 백2를 당해 낭패. 흑3, 5로 달아나
려고 해도 백8의 날일자 씌움에 속수무책
이다.

2도 실패

흑1로 뛰면 백2로 나와 흑3으로 막을
때 백4로 끊겨 역시 흑은 중앙으로 진출
할 수 없다.

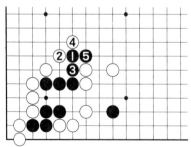

3도 정해

흑1로 한칸 뛰고 백2때 흑3으로 잇는
것이 정수. 백4로 두어도 흑5로 나갈 수
있어 흑은 무사히 중앙으로 탈출할 수 있
다.

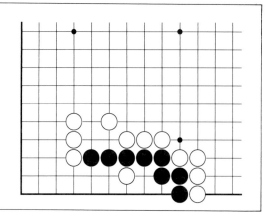

문제 4 (백차례)

흑에게 갇혀 있는 백 한 점이 중요한 돌이다. 백은 어떻게 두어야 이 흑을 잡을 수 있을까?

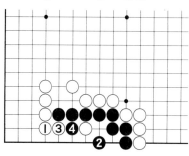

1도 실패

백1로 흑의 급소를 두면 흑2로 젖히는 강수가 성립. 백3으로 막으면 흑4로 내려산다. 이후 백A는 흑B 다음 백C로 두어도 흑D로 몰면 흑삶.

2도 실패

그냥 백1로 내리면 흑2로 살려준다. 백3으로 넘으려 해도 흑4로 두면 백은 넘어갈 수 없어 역시 흑이 살게 된다. 백의 책략부족.

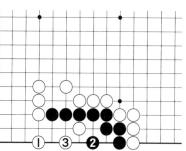

3도 정해

백1로 1선에 두는 것이 호착이다. 흑2의 급소를 당해도 백3이 멋진 맥으로 흑을 모두 잡는다.

문제 5 (백차례)

백은 한집이 확보되어
있다. 아래쪽에서 한집을
더 내야 한다. 어떻게 두
어야 살 수 있을까?

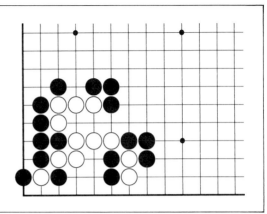

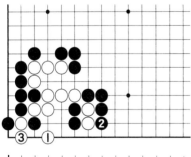

1도 실패

백1의 단수로 모는 수는 흑2로 따낸 다
음 후속 수단이 없다.

2도 정해

백1로 한칸 뛰어 흑 한점과 흑 두점을
잡는 것을 맞보기로 하는 것이 정착이다.
흑2로 두면 백3으로 늘어 백이 산다.

3도 변화

백1로 둘 때 흑2로 한점을 잡으면 백3
으로 넘는다. 흑4로 단수쳐도 백5로 이으
면 백은 2도보다 크게 산다.

문제 6 (백차례)

흑(▲) 한점이 한칸 뛴 모습이다. 백 두점을 어떻게 하면 살릴 수 있을까?

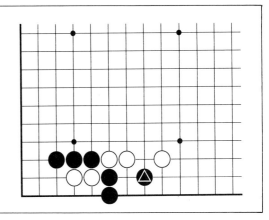

1도 실패

백1로 찌르고 흑2때 백3으로 막는 것은 실패. 흑4에 백5로 수를 조여도 결국 흑6으로 백 두점은 잡힌다.

2도 실패

흑2로 두었을 때 백3으로 단수하여 흑4로 잇게 하는 것은 백5때 흑6의 단수로 역시 백의 한수 부족이다.

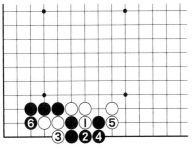

3도 정해

백1과 흑2를 교환한 후에 백3으로 들여다보는 수가 호수이다. 흑4로 막으면 백5로 끊어 흑 세점을 잡을 수 있다.

문제 7 (백차례)

흑은 완전하게 살아 있는 모습이 아니다. 백은 어떻게 두어야 이 흑을 잡을 수 있을까?

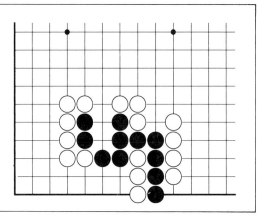

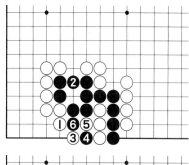

1도 실패

백1로 흑 두점을 단수하는 것은 흑2로 젖힌 후 백3으로 막을 때 흑4로 실패이다. 백5면 흑6이 급소가 되어 흑이 산다.

2도 실패

백1로 내리면 흑2로 한집을 내는 게 호착. 백3으로 넘으려 하면 흑4로 먹여치고 백5로 흑 한점을 잡을 때 흑6으로 단수하여 흑 삶.

3도 정해

백1로 한칸 뛰는 수가 일석이조의 맥점. 흑2로 한집 낼 때 백3이 절묘한 수로 흑 죽음.

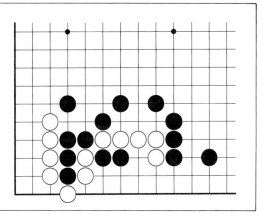

문제 8 (흑차례)

백에게 갇혀 있는 흑 두 점을 구출하는 것이다. 흑은 어떻게 두어야 할까?

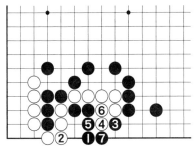

1도 실패

흑1로 직접 모는 수는 백2로 잇고 흑3으로 두어도 백4로 막으면 흑이 수부족.

2도 정해

흑1로 한칸 뛰는 수가 호착. 백2로 이어야 할 때 흑3으로 넘는다. 백4로 젖혀도 흑5로 잇고 백6때 흑7로 넘는다.

3도 실패

흑1과 백2를 교환한 후에 흑3으로 두는 것은 차단당하므로 흑의 실패이다. 백4에 흑5로 넘으려 하면 백8까지 흑이 안된다.

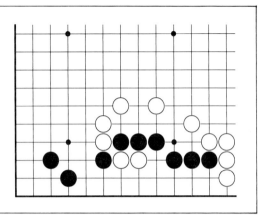

문제 9 (백차례)

갇혀 있는 백 두점을 구
출하는 것이다. 백은 어떤
수순으로 구출할 수 있을
까?

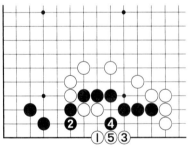

1도 실패

백1로 단수하여 흑2를 두게 한 후 백3
은 실패. 흑4로 막아 백5때 흑6이면 백
의 수부족.

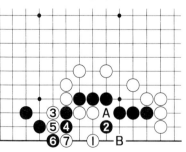

2도 정해

백1로 뛰는 수가 정착. 흑2로 늘면 백
3으로 오른쪽 백과 연결한다. 흑4는 백5
로 이어 그만이다.

3도 변화

백1때 흑2로 차단하면 백3으로 단수친
다. 흑4로 늘면 백5로 찌르고 흑6으로 넘
어갈 때 백7로 먹여치면 백이 크게 성공
한 모습이다. 흑2를 A에 두면 백3으로 흑
4쪽에 둔다. 그후 백B로 넘는다.

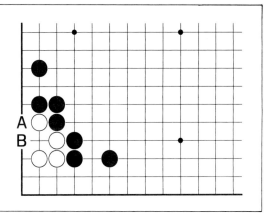

문제 10 (흑차례)

흑A로 두어 백B의 패로 버티게 하는 것은 흑의 실패이다. 흑은 백을 무조건 잡아야 한다.

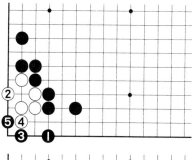

1도 실패

흑1로 직접 내리면 백2로 한집을 내는 게 침착. 흑3으로 붙여도 백4로 나간 후 백6으로 먹여쳐 패가 된다.

2도 정해

흑1로 한칸 뛰는 수가 호착. 백2로 한집을 내면 흑3으로 뛰어 백4때 흑5로 백은 살 수 없다.

3도 변화

흑1때 백2로 두면 흑3으로 치중한 후 백4때 흑5로 흑의 성공. 귀의 백은 살 수 없다.

바 둑 의 다 른 명 칭

좌은(坐隱), 수담(手談), 방원(方圓),
오로지쟁(烏鷺之爭), 귤중지락(橘中之樂)
현대의 중국에서는 바둑을 웨치(圍棋)라고
부르지만 고문헌에는 좌은이나 수담이니 하는
은유법을 쓰기도 했다.
좌은이란 조용히 마주 앉아 바둑두는 모습을
뜻하고, 수담이란 손으로 이야기를 나눈다는
의미이다. 방원의 방은 네모진 바둑판을,
원은 둥근 돌을 상징한다.
난가는 왕질이라는 사람이 나무를 하러가서
신선이 바둑두는 것을 구경하다가 도끼자루가
썩는 줄을 몰랐다는 고사에서 비롯된 명칭이다.
오로지쟁은 친척 사이인 까마귀와 백로가
만나기만 하면 아귀다툼을 하는데 비유한 말이고,
귤중지락은 커다란 귤을 타개어보았더니
신선이 즐겁게 바둑을 두고 있더라는 고사를
빗댄 말이다.
일본은 圍碁라고 써 놓고 "이고"라 부른다.
한자어가 아닌 바둑만이 한자문화권에서
독특하게 쓰이는데 아직도 그 어원을 밝혀낸
사람이 없다.

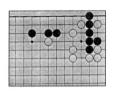

끼우는 맥

끼우는 맥

문제 1 (흑차례)

귀의 흑은 완전히 산 것
이 아니다. 오른쪽 흑과
연결해야 하는데 어떻게
두는 것이 좋을까?

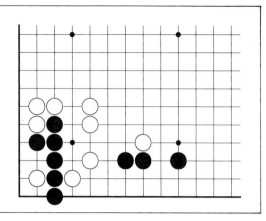

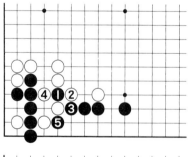

1도 실패

흑1로 두는 것은 속수. 백2로 잇고 흑
3으로 끼워도 백4의 단수에 흑5, 백6으로
이으면 귀의 흑은 살 수 없다.

2도 정해

흑1로 먼저 끼우는 것이 수순의 묘. 백
2로 받으면 흑3으로 끊고 백4로 흑 한점
을 잡을 때 흑5에 껴붙임이 묘착이다. 귀
의 흑은 오른쪽 흑과 연결된다.

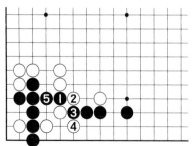

3도 변화

흑3때 백4로 두면 흑5로 이어서 백을
잡아 흑의 성공이다.

문제 2 (백차례)

흑의 집에는 약점이 있다. 백은 어떻게 두어야 수를 낼 수 있을까?

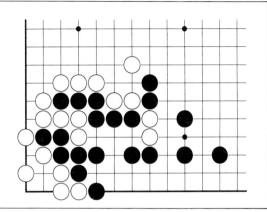

1도 실패

백1로 미는 것은 흑2의 쌍립으로 잇게 해줘 더이상 수가 나지 않는다. 이것은 백의 무책.

2도 정해

백1로 끼우는 것이 정해. 흑2로 받으면 백3, 흑4로 이을 때 백5의 단수로 백은 상당한 이득을 보게 된다.

3도 변화

백1로 끼울 때 흑2로 위에서 받는 것은 백3으로 뻗어 대동소이. 흑4로 이으면 백5의 단수로 역시 백의 성공이다.

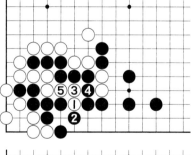

끼우는 맥

문제 3 (흑차례)

귀의 흑과 연결하려면 어떻게 두어야 할까?

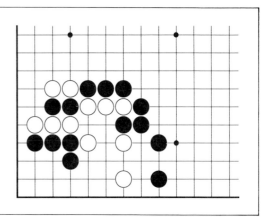

1도 실패

흑1로 단수친 후 흑3으로 나가는 것은 백4로 아무 실속이 없다.

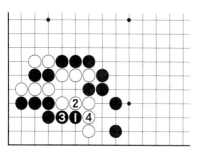

2도 실패

흑1로 들여다보면 백2로 잇고 흑3으로 이으면 백4로 잇게 되어 역시 흑의 실패이다.

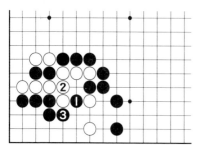

3도 정해

흑1로 끼우는 것이 정맥. 백2로 이으면 흑3으로 연결하여 백 두점을 잡고 크게 산다.

문제 4 (흑차례)

갇혀 있는 흑 다섯점이 백을 잡으면서 살아가는 것이다. 흑은 어떻게 두어야 살 수 있을까?

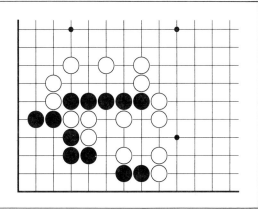

1도 실패

흑1로 나가는 것은 백2로 잇고 흑3으로 두어도 백4. 흑은 바깥으로 나갈 수 없다. 흑5로 나가면 백6으로 막혀 다음수가 없기 때문.

2도 정해

흑1로 끼우는 것이 묘착이다. 백2로 받으면 흑3으로 단수가 되어 중앙 흑이 산다.

3도 변화

흑1로 끼울 때 백2로 두는 것은 흑3을 선수한다. 백4를 두어야 할 때 흑5면 백은 더욱 큰 손해를 본다.

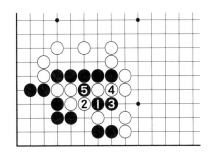

문제 5 (백차례)

실전에서도 많이 볼 수 있는 맥이다. 이 흑을 분단시키려면 백은 어디서부터 두어야 하는가?

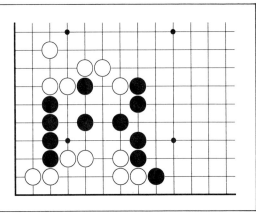

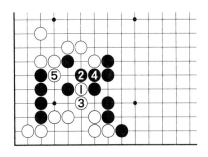

1도 실패

단순한 백1은 흑2를 두게 하여 속수이다. 더이상 백은 흑을 분단시킬 수 없게 된다.

2도 정해

백1로 끼우는 것이 맥. 흑2로 단수칠 때 백3이면 흑4로 이어야 하며 백5로 흑은 연결이 불가능하다.

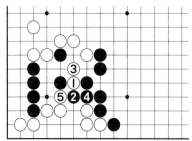

3도 변화

백1로 끼울 때 흑2로 아래쪽에서 단수해도 백3이면 흑4로 이어야 한다. 이때 백5로 끊으면 백의 성공이다.

문제 6 (백차례)

백 다섯점을 서로 연결 하려고 한다. 백은 어떻게 두어야 연결할 수 있을까 ?

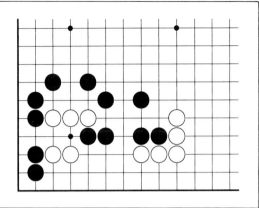

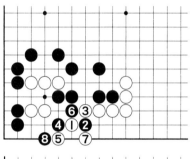

1도 실패

백1로 날일자하면 흑2로 붙이고 백3으로 막을 때 흑4의 건너붙임이 호수순. 백 5, 7이 최대의 저항이나 흑8로써 패도 성립하지 않는다.

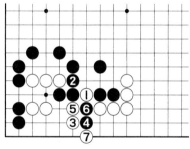

2도 정해

백1로 끼우는 것이 정해. 흑2로 이을 수밖에 없을 때 백3의 날일자면 흑4로 막아도 끼워둔 백돌이 있어서 백7로 넘을 수 있다.

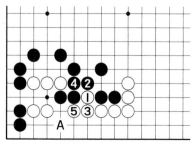

3도 변화

백1때 흑2로 위에서 단수치는 것은 흑 4가 불가피할 때 백5로 유유히 넘는다. 흑4로 A는 백이 흑4에 끊어서 흑의 수부족이다.

문제 7 (백차례)

백은 두 곳의 약점이 있어 어려운 모습이다. 어떻게 두어야 두 곳의 약점을 보강할 수 있을까?

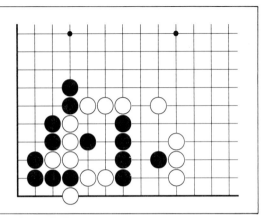

1도 실패

백1로 이으면 흑2로 끊겨서 아래쪽 백이 잡히므로 백의 실패이다.

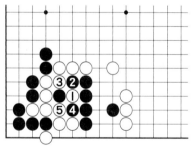

2도 정해

백1로 끼우는 것이 정맥이다. 흑2로 두면 백3으로 이으면서 흑4가 불가피할 때 백5로 백은 두곳의 약점을 동시에 해결한다.

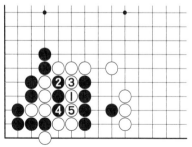

3도 변화

백1로 끼울 때 흑2로 백 네점을 단수하면 백3, 5로 이어 사석작전 성공.

씌우는 맥

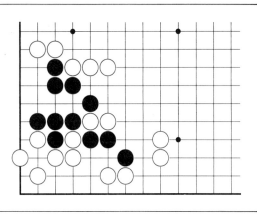

문제 1 (흑차례)

흑은 백 두점을 잡아야 완전한 삶이다. 흑은 이 백 두점을 어떻게 잡아야 하는가?

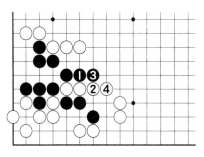

1도 실패

흑1로 직접 움직여 백2로 받게 하는 것은 속수. 흑3해도 백4로 연결하면 흑 세점이 잡혀 백집이 상당히 커진 데다 윗쪽 흑일단도 취약해진다.

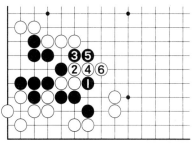

2도 실패

흑1로 백의 두점머리를 두드리는 것도 흑의 실패이다. 흑은 계속 3으로 단수칠 수밖에 없고 백4에 흑5로 두면 백6으로 나가 아래쪽 흑이 크게 들어간다.

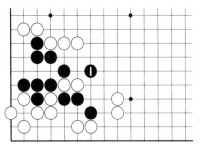

3도 정해

이런 형태는 실전에서도 잘 나오는 것으로 흑1의 장문이 정해. 흑1의 장문에 백이 나오는 것은 아무 소용없는 일이다.

문제 2 (백차례)

지금 흑(△)이 끊은 장면이다. 백은 이 흑을 어떻게 처리해야 효과적인가?

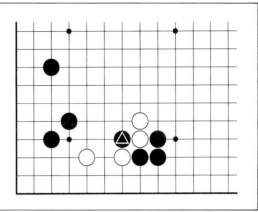

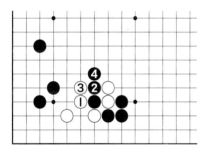

1도 실패

백1로 단수쳐서 흑2로 받게 하는 것은 속수. 백3에 흑4로 계속 나가면 백은 양분되어 수습하기가 어렵게 된다.

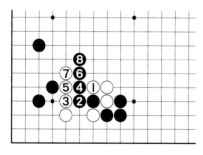

2도 실패

백1, 3으로 흑을 자연스럽게 몰아가는 것은 흔히 사용되는 맥이지만 이 경우에는 적절하지 않다. 흑4에 백5, 흑6에 백7. 그리고 흑8이면 백은 역시 양분되어 좋지 않다.

3도 정해

이 경우에는 백1의 장문으로 두는 것이 정확한 맥점. 흑2로 단수치면 백3으로 이어 두텁고, 흑2를 백3으로 몰면 흑2에 늘어 사석작전으로 백은 더욱 좋다.

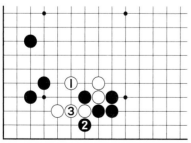

문제 3 (백차례)

흑 두점은 축이 되지 않는다. 사석으로 이용하는 좋은 수단은 없을까?

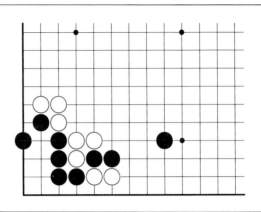

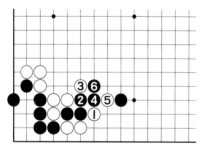

1도 실패

백1로 단수치고 흑2로 받을 때 백3으로 모는 것은 백의 실패. 흑4면 백5가 불가피한데 흑6으로 꼬부려 이후 백의 활동이 어렵게 된다.

2도 실패

백1, 3, 5 축으로 모는 수는 흑6으로 탈출한 뒤 백의 다음수가 궁하다.

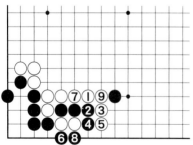

3도 정해

백1의 장문으로 두는 것이 호착이다. 흑2로 움직이면 백3 이하 백9까지 철벽을 쌓아 백의 대만족.

문제 4 (흑차례)

흑을 끊고 있는 백 한점을 직접 잡으려는 것은 무리이다. 흑은 어떻게 두어야 하는가 ?

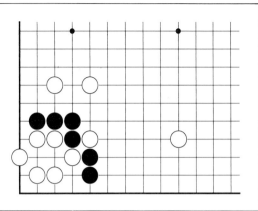

1도 실패

흑1로 직접 단수쳐서 백2를 두게 하는 것은 흑의 속수무책이다. 흑3에 백4, 흑5에 백6이면 흑은 양분되고 심한 공격을 받는다.

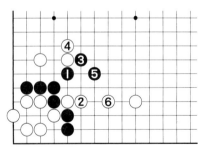

2도 실패

흑1의 마늘모에는 백2로 둔다. 흑3으로 젖혀 백4를 유도해도 약점 때문에 흑5의 보강이 필요할 때 백6으로 두어 역시 흑의 실패이다.

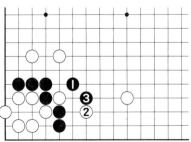

3도 정해

흑1의 장문으로 두는 것이 정착이다. 백2로 두어도 흑3으로 백 한점을 잡아 흑이 안정된 모습이다. 흑1에 백 한점이 직접 움직이는 것은 빈축으로 몰아 흑 두점을 주고 외세를 취하여 흑이 좋다.

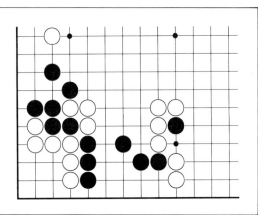

문제 5 (흑차례)

흑은 양분된 모습이다. 흑을 끊고 있는 백 세점에 어떤 수를 내야 한다. 흑은 어떻게 두어야 하는가?

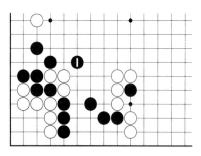

1도 실패

흑1로 한칸 뛰는 것은 백2의 마늘모로 흑은 양곤마를 수습해야 하는 어려운 처지가 된다.

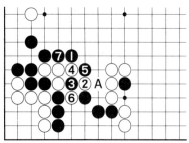

2도 정해

흑1의 장문으로 백 세점은 움직이기 어렵다. 결국 흑은 백 세점을 잡고 안정된 모습이다.

3도 계속

만일 흑1에 백2로 한칸 뛰어 움직이면 흑3으로 끼운다. 백4로 단수해도 흑5의 회돌이를 당하여 역시 좋지 않다. 흑7에 백8로 흑3에 이으면 흑A의 단수에 백의 손실이 크다.

문제 6 (흑차례)

흑을 끊고 있는 백 두점을 어떻게 처리해야 될지 흑의 고민이다. 흑은 어떻게 두어야 하는가?

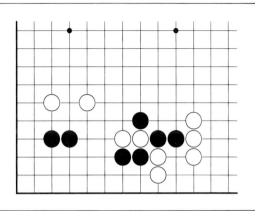

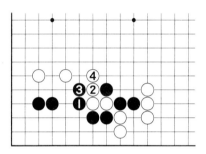

1도 실패

흑1로 단수한 다음 백2때 계속 흑3으로 모는 것은 백4로 뻗음으로써 흑은 완전히 양분되어 후속수단이 없다.

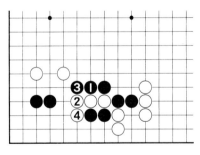

2도 실패

흑1로 위에서 단수치고 흑3으로 미는 것도 백4로 흑 두점이 완전히 잡혀 실속이 없다.

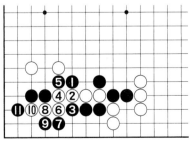

3도 정해

흑1의 장문으로 두는 것이 정해이다. 백 두점이 직접 움직이는 것은 흑3 이하 빈축으로 계속 몰아 흑7, 9, 11로 백 죽음.

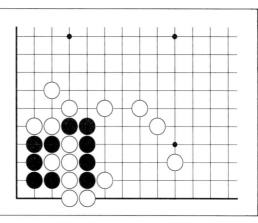

문제 7 (흑차례)

양분되어 있는 흑은 아래쪽 백을 잡아야만 산다. 흑은 어떻게 두어야 이 백을 잡을 수 있을까?

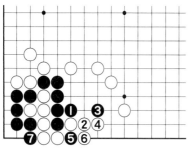

1도 실패

흑1의 장문에는 백2로 한칸 뛴다. 흑3으로 나가도 백4로 두면 백은 연결이 되고 흑은 살아갈 수 없다.

2도 정해

흑1로 한번 밀어 백2를 두게 한 후 흑3으로 씌우는 수가 바른 수순이다. 백4면 흑5로 먹여친 후 흑7로 백을 잡게 된다.

3도 변화

흑3의 장문에 백4로 한칸 뛰면 흑5로 나가 백6과 교환한 후 흑7로 두는 것이 중요하다. 잘못하여 먹여치면 흑은 실패하므로 주의할 것.

날일자의 맥

문제 1 (흑차례)

백에게 갇힌 흑 두점을 중앙 흑과 연결하여 좌우의 백을 공격하려고 한다. 흑은 어떻게 두어야 효과적으로 연결할 수 있는가?

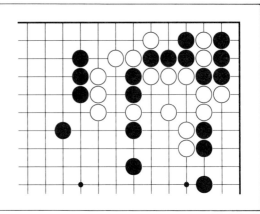

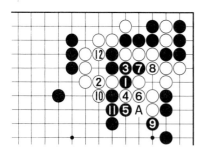

1도 최악

흑1로 단수하여 백2와 교환후 흑3으로 잇는 것은 흑의 대실패이다. 백4로 끊기면 흑은 한 게 없다.

2도 불만

흑1·3으로 두는 것은 백4로 끊겨 큰 손해이다. 이하 번호순으로 두어도 흑A의 단수가 성립되지 않는다.

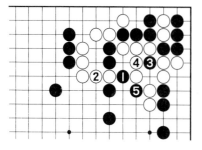

3도 정해

흑1로 끊어 백2를 잇게 한 후 흑3으로 끊어두는 것이 묘수. 백4로 이어야 할 때 흑5가 일석이조이다.

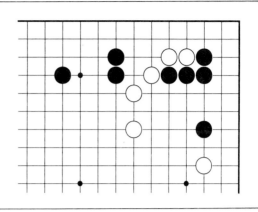

문제 2 (백차례)

백은 끊길 위험이 있다. 근거를 만들면서 효과적으로 약점을 보강하고 싶다. 어떻게 두어야 하는가?

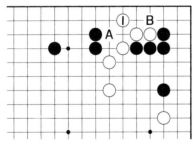

1도 정직함

백1로 잇는 것은 너무 견실하다. 흑A가 선수여서 백의 근거가 흔들린다.

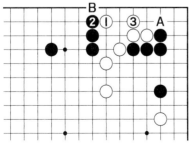

2도 엷음

백1로 호구치는 것은 1도보다 집모양이 나은 것처럼 보이나 매우 엷은 모습으로 백이 좋지 않다. 흑A로 들여다본 후 흑B로 젖히면 역시 백의 근거가 불확실하다.

3도 정해

백1의 날일자로 흑2와 교환한 후 백3으로 두는 것이 바른 수순이다. 백A의 젖힘도 있고 백B의 선수끝내기도 남아 있다.

날일자의 맥

문제 3 (백차례)

백은 가볍게 처리하여 반격할 기회를 노려야 한다. 어떻게 두어야 가볍게 처리할 수 있을까?

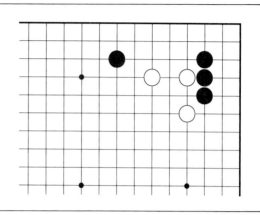

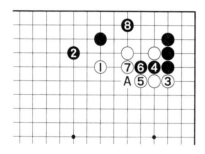

1도 무겁다

백1로 잇는 것은 흑2로 뛰고 백3, 흑4때 백5까지 되는 정도인데 흑6으로 백이 곤란하게 된다. 흑은 또 A가 있으므로 좋다.

2도 엷음

백1과 흑2를 교환한 후 백3으로 막는 것은 흑8로 넘어간 후 A의 약점을 노리게 된다.

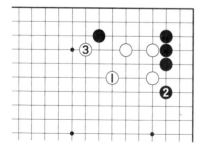

3도 정해

백1로 두는 것이 기본적인 형이다. 흑2면 백3으로 눌러 백은 쉽게 공격당하지 않는다.

126

문제 4 (흑차례)

흑은 끊기는 약점이 있
다. 이 약점을 효과적으로
보강하고 싶다. 어떻게 두
어야 하는가?

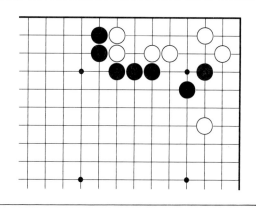

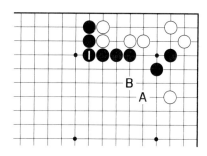

1도 견실

흑1로 잇는 것은 너무나 견실하다. 백
은 A나 B로 골라 둘 수 있는 장점이 있
다.

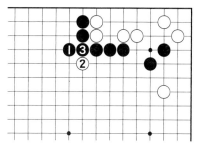

2도 비능률

흑1의 호구로 잇는 것은 백2로 들여다
보는 수가 있어 흑3으로 이어야 하는 만
큼 능률적이 못되고 약간 무겁다.

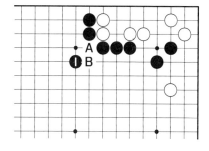

3도 정해

흑1로 두는 것이 효과적인 연결 방법이
다. 백A로 끊어도 흑B로 몰아 축이 된다.
흑1은 중앙에서 돌의 움직임에 큰 도움이
된다.

날일자의 맥

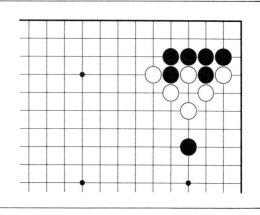

문제 5 (백차례)

백은 가볍게 처리하고 다른 곳에 가고 싶다. 어떻게 이어야 하는가?

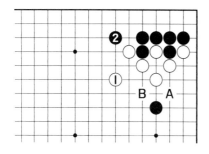

1도 견실

백1로 이으면 봉쇄를 피하여 흑2로 두어야 한다.

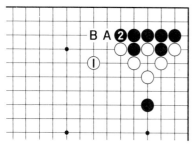

2도 엷음

백1로 두는 것은 경쾌하지만 엷은 행마이다. 봉쇄를 피하여 흑2. 후에 흑A의 급소와 B의 공격이 남는다.

3도 정해

이 경우에 백1이 좋은 수이다. 흑은 2로 두어야 이용당하지 않는다. 흑2로 A에 두면 백B로 봉쇄한다.

문제 6 (백차례)

소목정석에서 볼 수 있는 모습이다. 백은 단점이 있으므로 이익이 되는 수를 생각해야 한다. 어떻게 두어야 할까?

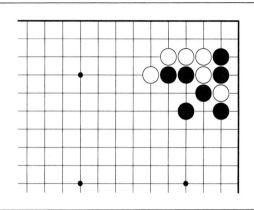

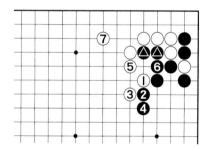

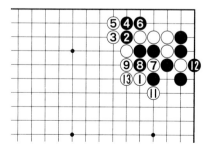

1도 평범

백1로 보강하는 것은 평범한 수이다. 이 수는 백A의 급소를 놓치게 되어 박력이 부족하다.

2도 정해

백1로 붙이고 흑2때 백3, 흑4. 계속 백5로 두면 요석인 흑△ 두점이 잡히므로 흑6으로 이어야 할 때 백7로 지키는 것이 요령이다.

3도 변화

백1로 붙일 때 흑2로 끊는 흑의 저항이 있다. 백3으로 단수쳐 이하 흑6까지 둔 후 백7로 먹여쳐서 회돌이를 한 후 백13까지 백의 외세와 흑의 실리가 호각이다.

❿…⑦

129

날일자의 맥

문제 7 (백차례)

백은 엷은 모습이어서
안정을 도모해야 한다. 어
떻게 두어야 공격받지 않
게 되는가?

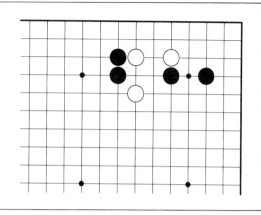

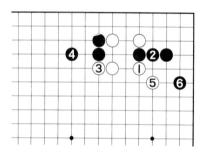

1도 무기력

백1로 잇는 것은 흑2에 근거가 불안하
여 심한 공격을 받는다. 다음 백A면 흑C
이고 백B는 흑D이다.

2도 엷음

백1로 붙이는 것은 흑2로 두고 백3으로
나가면 흑4로 한칸 뛴다. 백5의 마늘모는
흑6으로 받게 되어 전체적으로 백이 엷은
모습이다.

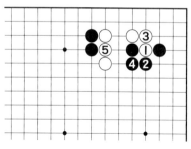

3도 정해

백1로 끼워 흑2로 단수칠 때 백3으로
잇는 것이 정해. 흑은 약점이 있으므로
흑4로 보강해야 할 때 백5로 이을 수 있
다. 흑을 양분하여 대성공이다.

130

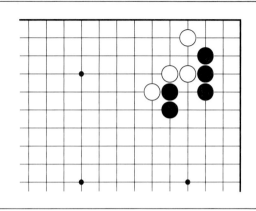

문제 8 (백차례)

백은 끊기는 약점이 있다. 또한 흑이 끊었을 때 축관계도 고려해야 한다. 어떻게 두어야 하는가?

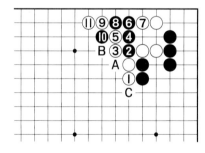

1도 평범

백1로 호구하는 것은 평범하여 비효율적이다. 흑A로 들여다보면 백B로 이을 때 흑C를 당하여 백이 무겁다.

2도 축관계

백1로 미는 것은 축이 유리할 경우. 축관계는 흑A로 끊어 백B에 흑C로 모는 축이다.

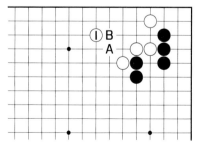

3도 정해

2도의 백1이 불리할 때는 백1이 정형이다. 축도 방지하고 근거를 마련하여 백이 좋다. 흑A는 백B로 받는다.

문제 9 (흑차례)

백이 흑을 끊은 장면이
다. 흑은 어떻게 수습하는
것이 좋은가?

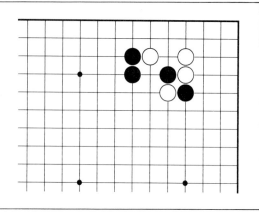

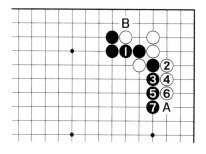

1도 솔직한 수

흑1로 잇는 것은 백2로 단수친 후 이하
흑7까지 흑의 외세와 백의 실리로 나뉜다.
그러나 주변 상황에 따라 백은 끊어놓은
백 한점과 더불어 A, B 등을 선택할 수
있다.

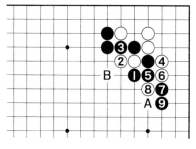

2도 정해

흑1로 단수쳐서 백2로 뻗을 때 자연스
럽게 흑3으로 잇는 것이 수순이다. 백4로
단수치면 흑5로 잇고 백6으로 나간다. 흑
7에 백8로 끊으면 흑9 다음 A와 B로 움
직이는 수가 남는다. 흑7은 A 한칸뜀이
정수.

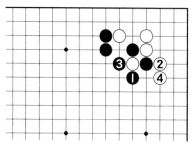

3도 정석

흑1로 단수칠 때 백2로 몰고 흑3으로
백 한점을 따면 백4로 뻗어두는 것이 정
석이다.

타개의 맥

문제 1 (흑차례)

흑이 백의 포위망을 벗어나는 방법을 연구하는 것이다. 흑은 어떻게 두어야 하는가 ?

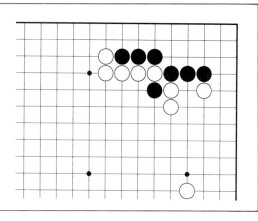

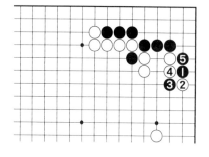

1도 막힘

흑1로 직접 나가는 것은 백2로 일단 막는다. 흑3으로 백 한점을 단수치면 백4로 같이 단수하고 흑이 백 한점을 잡아도 백6으로 두어 봉쇄 당한다.

2도 막힘

흑1로 나오고 흑3으로 두어도 백4면 역시 봉쇄당한다. 흑5로 넘어가면 백6으로 완전히 막힌다.

3도 정해

그냥 흑1로 두고 백2로 막을 때 흑3으로 끊어 두는 것이 좋은 수순이다. 백4로 연결하면 흑5까지 2도처럼 완전히 막히는 것보다 끊은 점이 있어 좋다.

문제 2 (흑차례)

흑 한점이 막히지 않고 중앙으로 나가야 서로 균형이 유지된다. 무리하지 않고 효과적으로 나가는 곳은 어디인가?

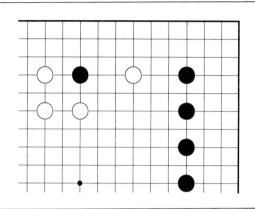

1도 막힘

흑1의 마늘모는 백2로 봉쇄당한다. 흑3에 백4로 막고 흑5로 끊을 때 백6으로 잇는다. 흑7로 단수쳐도 백8이 좋은 맥으로 결국 중앙진출이 막힌다.

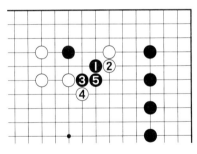

2도 정해

흑1로 백2를 교환한 후 흑3으로 두는 것이 정해이다. 백4로 젖히면 흑5의 빈삼각으로 나가 흑이 좋다.

3도 백의 저항

흑1로 둘 때 백2로 저항할 수 있다. 흑3에서 흑9까지 둔 후 백10으로 나간다. 흑11에 백12로 나와도 흑은 충분히 둘 수 있다.

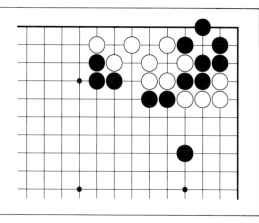

문제 3 (백차례)

오른쪽의 백 네점이 효과적으로 진출해야 한다. 백은 어떻게 두어야 하는가?

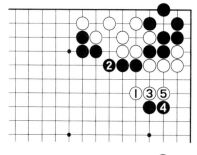

1도 평범

백1로 젖혀 흑2를 강요한 후 백3으로 머리를 내미는 것은 흑4를 당해 백의 형태가 무너진다.

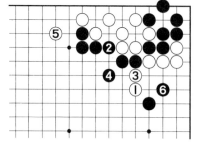

2도 정해

백1로 두어 흑2때 백3으로 막는 것이 정해이다. 흑4로 는다면 백5로 백이 좋다.

3도 변화

백1로 두었을 때 흑2는 백3이 선수. 흑4로 지켜야 할 때 백5로 좋다. 흑6으로 백이 다소 공격받는 것은 감수해야 한다.

문제 4 (백차례)

백은 상변에서 중앙으로 나가는 방법을 연구해야 한다. 돌을 능률적으로 활용하려면 어떻게 두어야 하는가?

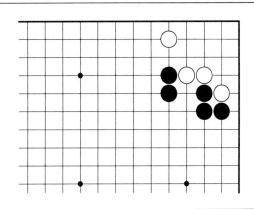

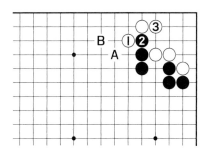

1도 약간 무겁다

백1로 흑2와 교환한 후 백3으로 뛰는 것은 흑4로 봉쇄당해 갑갑한 모습이다. 그렇다고 백1을 생략하면 흑A를 당해 완전히 봉쇄당한다.

2도 엷음

백1의 마늘모. 흑2때 백3으로 늘려는 것인데, 이후 흑은 A와 B로 압박할 수 있어 엷다.

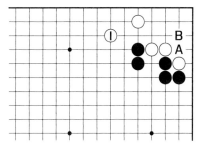

3도 정해

백1의 날일자가 이런 상황에서의 형이다. 흑A, 백B는 흑의 권리지만 이후 흑의 두점을 끊는 노림이 남는다.

문제 5 (백차례)

흑을 양분하고 있는 백 세점을 잘 움직여야 한다. 백은 어떻게 두어야 하는 가?

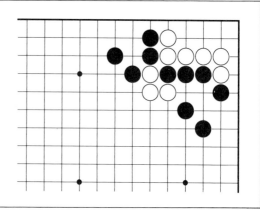

1도 우변 손해

백1로 뛰는 것은 흑2로 우변에 흑의 실리를 주게 되어 손해이다.

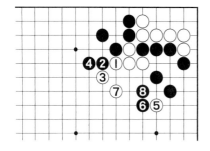

2도 상변 손해

백1로 밀어 흑2, 백3, 흑4까지 된 후 백5로 두는 것도 상변에 흑의 큰 실리를 허용하여 손해이다. 이후에도 흑8까지 백이 공격을 받게 되어 좋지 않다.

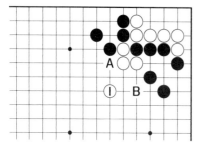

3도 정해

백1로 두는 것이 이런 상황에서의 형이다. 다음 흑A는 백B, 흑B는 백A로 쉽게 공격당하지 않는다.

문제 6 (흑차례)

한칸높은협공 정석에서 나오는 모습이다. 흑은 어떻게 두어야 하는가?

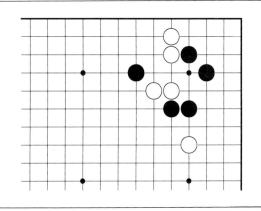

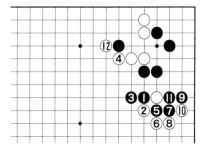

1도 흑 불리

흑1로 밀어 백2를 두게 한 후 흑3으로 협공하는 것은 백4로 흑⚫가 움직이기 어렵다.

2도 흑 불리

흑1로 붙이는 것도 백2, 흑3 다음 백4로 신통치 않다. 흑5로 끊으면 백 한점을 버리고 백12로 젖혀 흑 한점을 잡는다.

3도 정해

흑1의 마늘모. 백2로 받게한 후 흑3으로 협공하는 것이 정해이다.

문제 7 (흑차례)

흑은 사는 수와 중앙으로 진출하는 수를 생각해야 한다. 어떻게 두어야 할까?

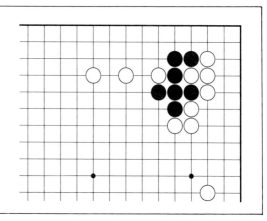

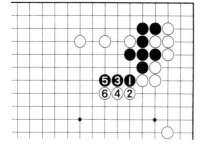

1도 봉쇄가 남음

흑1의 단수면 백은 2로 뻗는다. 흑3때 백A의 봉쇄가 남는다.

2도 무겁다

흑1로 젖히는 것은 중앙진출 하나는 확실하다. 그러나 백에게 외세를 주면 흑은 공격당하기 쉬운 모습이다.

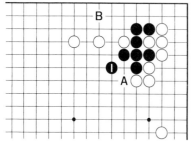

3도 정해

봉쇄를 피하는 흑1의 마늘모가 절호점이다. 이후 흑은 A, B를 맞보아서 좋다.

문제 8 (백차례)

백 두점이 중앙으로 나가야 한다. 모양을 정비하면서 두려면 어떻게 해야 하는가?

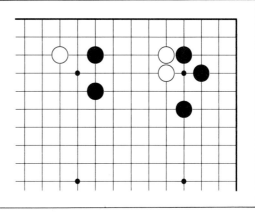

1도 백 불리

백1로 붙이고 흑2때 백3에서 흑10까지 처리하는 것은 모양이 나쁘고 흑의 실리만 커진다.

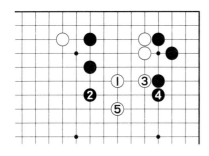

2도 정해

백1로 흑2를 교환한 후 백3으로 붙여서 수습하는 것이 요령이다. 흑4때 백5로 중앙진출이 쉽다.

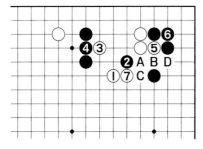

3도 흑의 무리

백1 밭전자행마에 흑2로 파고드는 것은 무리이다. 백3을 선수하여 흑4로 잇게 한 후 백5면 흑6이 필연. 다음 백7에 흑 A로 늘면 백B로 C, D가 맞보기.

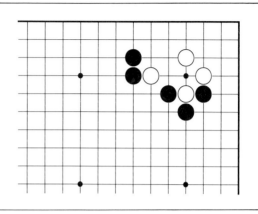

문제 9 (백차례)

손해를 보더라도 중요한 요처를 차지하는 것이 중요하다. 백은 지금 어떻게 두는 것이 좋은가?

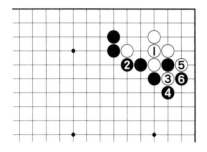

1도 봉쇄

백1로 잇는 것은 흑2로 봉쇄를 당한다. 백3으로 끊으면 흑4, 백5로 흑 한점을 잡는다 하지만 흑6까지 백은 봉쇄당하고 흑은 두텁다.

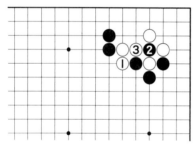

2도 정해

우선 백1로 중앙으로 나가는 수를 두는 것이 중요하다. 흑2때 백3으로 단수하여 수습이 용이하게 한다. 흑은 양분되어 좋지 않다.

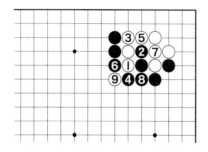

3도 변화

백1로 두었을 때 흑2로 나가는 것은 백3때 흑4로 봉쇄하려는 것이지만 백7로 이으면서 단수가 된 후 백9로 끊기면 흑은 양분되어 역시 좋지 않다.

문제 10 (백차례)

잘못하면 흑으로부터 급소를 공격 당하든지 봉쇄를 당한다. 소목 정석에서 나오는 형인데 백은 어떻게 두어야 하는가?

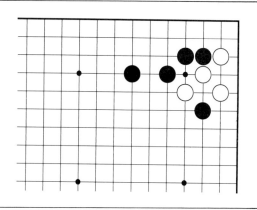

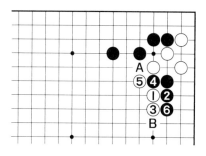

1도 우변 봉쇄

백1은 흑2때 백3으로 끊자는 수이다. 흑4로 단수쳐서 백5와 교환한 후 흑6으로 두면 우변으로 진출하는 것이 어렵게 된다.

2도 백 엷음

백1로 한발 더 나가두는 것은 흑2, 백3 다음 흑4로 나가 백의 약점을 만든 후 흑6으로 뻗게 된다. 이후 백은 A에 이음이 불가피할 때 흑 B로써 흑 호조.

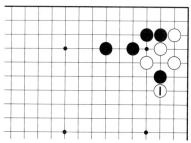

3도 정해

백1로 붙이는 것이 정해이다. 즉 흑 한 점의 움직임을 보고 행마를 선택하는 것이다.

문제 11 (백차례)

대해로 진출하는 것은 중요하나, 무작정 중앙으로 나가는 것은 모양이 허물어져 일방적인 공격을 받게 된다. 백은 어떻게 두어야 하는가?

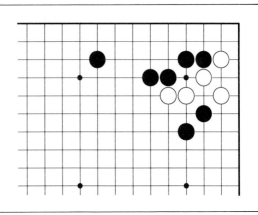

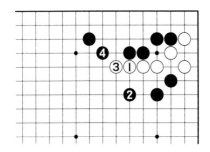

1도 책략부족

백1의 마늘모는 '하수의 마늘모'라 하여 책략이 부족한 수이다. 흑2면 일방적으로 공격받게 되고 흑A로 막히면 집모양도 허술하게 된다.

2도 방향착오

백1로 미는 것은 흑2, 4로 흑에게 실리를 주고 공격당하는 모습이다. 이후 백은 중앙의 봉쇄마저 남아 불리하다.

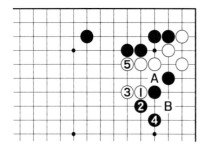

3도 정해

먼저 백1로 붙여 흑2와 교환한 후 백5로 나가는 것이 정해이다. 백은 A로 두어 집모양을 내는 수와 B로 흑의 집모양을 무너뜨리는 수가 남는다.

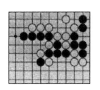

변화의 맥

변화의 맥

문제 1 (백차례)

백은 상변과 우변을 동시에 수습해야 한다. 어떻게 두어야 하는가?

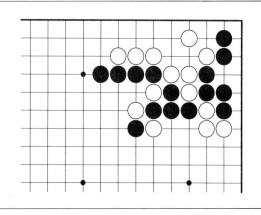

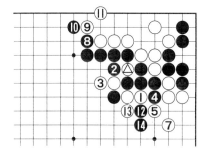

1도 흑 두터움

백1, 흑2때 백3으로 몰고 흑4의 빵내림을 허용한 후에 백5로 달리면 백은 양쪽을 다 둔 것 같으나 백의 책략부족.

2도 전투

흑2로 백 한점을 잡을 때 백3으로 느는 것은 흑4의 반발로 이하 흑14까지 전투가 된다. 이 때의 선악은 주변의 상황에 따라 달라진다. ❻…△

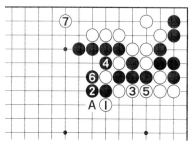

3도 정해

백1, 흑2를 교환한 후 백3, 5, 7이 멋진 수순이다. 1도이후 백1이면 당연히 흑은 A이다.

146

문제 2 (백차례)

흩어져 있는 백의 모양을 정비하고 싶다. 백은 어떻게 두어야 하는가?

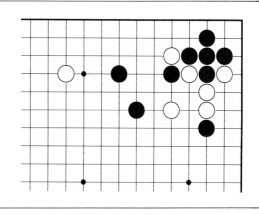

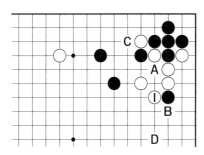

1도 유력한 수

백1의 호구도 유력한 수이다. 흑A로 잡으면 백B이고 흑C로 두면 백D이다.

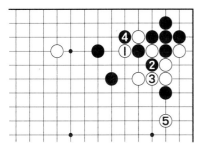

2도 정해

백1로 단수하여 흑2때 백3으로 잇는 것이 정해이다. 흑4로 끊으면 백5로 협공하여 모양이 정비된다.

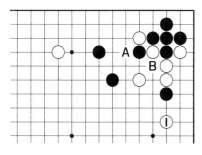

3도 일책

백은 2도를 보류하고 직접 백1로 둘 수 있다. 나중에 백은 경우에 따라 A와 B를 선택할 수 있다.

문제 3 (백차례)

백은 양쪽으로 모양을 정비하거나 중앙으로 탈출하고 싶다. 어떻게 두어야 하는가?

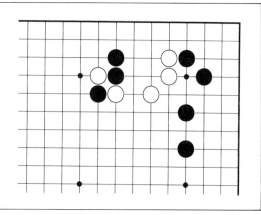

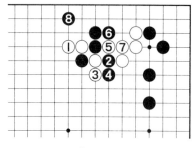

1도 백 불리

백1은 흑2로 젖혀 백3 다음 흑4로 백의 단점이 많아 불리하다.

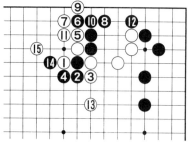

2도 백 무리

백1로 뻗는 것은 강력한 저항이나 흑2, 4에 백5로 끊어도 흑6, 8이면 백은 수습하기가 어렵다.

3도 정해

백1, 3 다음 흑4때 백5로 막는 것이 요령이다. 흑6으로 젖혀 이하 백15까지 백은 양쪽을 모두 수습한 모양이다.

문제 4 (백차례)

백은 모양을 정비하여 선수를 취하고 싶다. 어떻게 두는 것이 좋은가?

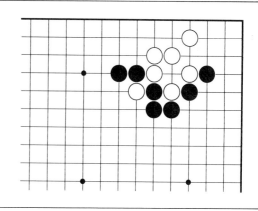

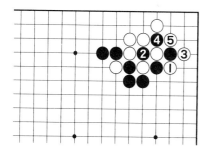

1도 흑 두터움

백1로 잇는 것은 흑2로 역시 이어 백3으로 막아야 할 때 흑4 장문. 흑이 두텁다.

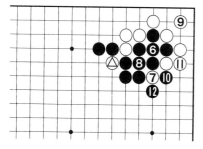

2도 정해

흑1로 끊어서 백2때 백3으로 모는 것이 요령이다. 흑4로 따내면 백5로 단수친다.

3도 계속

흑6으로 이으면 백7로 단수쳐 흑8로 잇게 한 후 백9로 모양을 정비한다. 흑10, 12면 백△ 한점이 움직이는 수가 남는다.

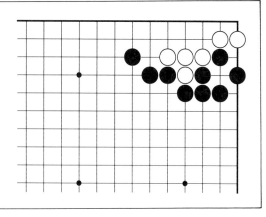

문제 5 (흑차례)

흑은 백을 공격하면서 모양을 정비하고 싶다. 어떻게 두는 것이 좋은가?

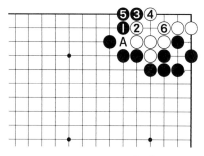

1도 나쁜 맛

흑1의 마늘모는 백2로 받는다. 흑3의 젖힘은 백4로 단수한 다음 백6으로 산다. A의 곳을 백이 두면 흑은 뒷맛이 나쁘다.

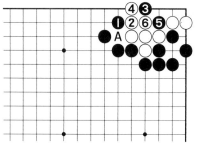

2도 정해

백2때 흑3으로 치중하는 것이 좋은 맥이다. 백4로 막을 때 흑5 끊음이 또한 좋은 수. 백6으로 받아야 하므로 A의 단점이 없어진다.

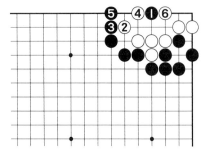

3도 변화

먼저 흑1로 치중할 수도 있다. 백2면 흑3으로 막고 백4때 흑5로 내린다. 백6으로 지킬 수밖에 없는데 흑은 선수로 봉쇄하여 만족.

문제 6 (흑차례)

흑은 봉쇄당하지 않고 중앙으로 나가는 수를 살펴야 한다. 어떻게 두어야 하는가?

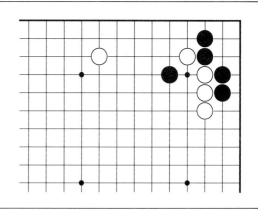

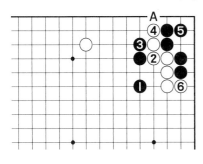

1도 흑 불리

흑1로 끊는 것은 백2로 흑이 불리하다. 백은 A로 붙여 흑B로 받을 때 백C로 이단 젖히는 수를 노리게 된다.

2도 흑의 과수

흑1로 뛰는 것은 백2로 잇는다. 흑3, 백4를 교환하면 흑5가 불가피하고 백6으로 흑은 공격을 받게 된다. 백A로 두는 것도 선수이다.

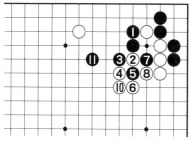

3도 정해

흑1로 두는 것이 침착한 수이다. 백2로 붙이면 흑3으로 젖힌다. 백4로 같이 젖히면 흑5 이하 흑11까지 흑의 모양이 정비되고 중앙으로 진출하여 좋다. ❾…②

151

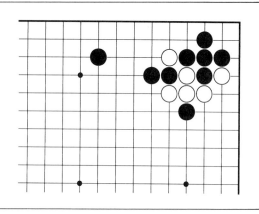

문제 7 (백차례)

백은 흑의 저항을 고려
하여 백의 모양을 정비하
여야 한다. 어떻게 두어야
하는가?

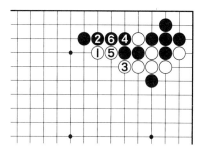

1도 흑 유리

백1로 미는 것은 흑2로 받고, 백3에 흑
4까지 흑의 4선을 밀어주어 큰 실리를 허
용한다. 이후에 A가 흑백간에 좋은 점이
된다.

2도 정해

먼저 백1로 짚어 흑2를 교환한 후에 백
3으로 미는 것이 좋은 수이다. 흑4로 받
을 때 백5, 흑6이 되면 백의 모양이 1도
보다 좋다.

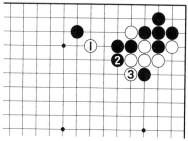

3도 흑의 저항

백1로 두었을 때 흑2면 백3으로 백도
충분히 둘 수 있다.

문제 8 (흑차례)

흑은 모양을 정비하면서
백의 약점을 살펴야 한다.
어떻게 두어야 하는가 ?

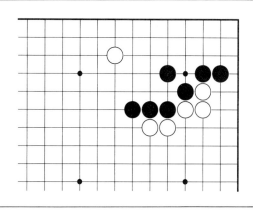

1도 흑 손해

흑1로 협공하는 것은 백2로 들여다보아
흑3으로 잇게한 후 백4로 넘어가 실리의
손해가 크다.

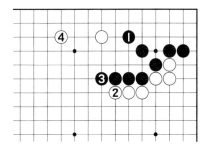

2도 흑 불만

흑1의 마늘모는 귀는 확실히 확보하였
지만 백2와 흑3을 교환한 후 백4의 두칸
이면 백이 양쪽을 둔 결과.

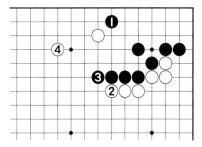

3도 정해

흑1이 상변으로 진출하는 수를 남겨 좋
은 수이다. 백은 2와 흑3을 교환하고 백
4를 두는 정도.

문제 9 (백차례)

백의 상변을 방치하는 것은 흑으로부터 공격을 당하고 모양이 허물어지게 된다. 어떻게 두어야 할까?

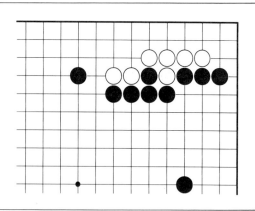

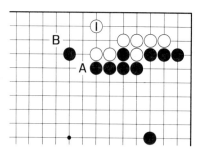

1도 속수

백1로 밀어 흑2와 교환하고 백3으로 젖히는 것은 속수이다. 흑4, 백5때 흑6으로 단수친 후 흑8로 이으면 흑의 외세가 방대하다.

2도 정해

서로 수상전을 할 때는 자신의 안전을 도모해야 한다. 백1의 곳은 서로 공격과 수비의 급소이다. 이후 중앙을 젖혀 나가는 수와 변으로 나가는 수가 남는다.

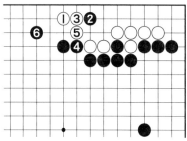

3도 과수

백1로 두는 것은 흑2의 역습을 당해 좋지 않다. 백3에 흑4면 백5가 불가피하고 흑6으로 봉쇄당하여 뒷맛만 나쁘게 된다.

문제 10 (흑차례)

모양을 정비하기 위해서는 희생타 작전을 펴는 경우가 많다. 흑은 어떻게 두어야 할까?

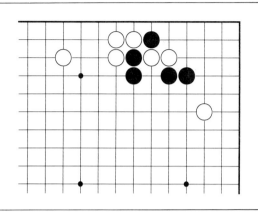

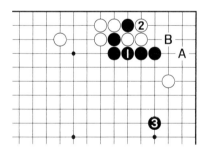

1도 엷음

흑1, 3으로 막으면 백4로 벌리게 되고 나중에 흑은 A의 단점이 남아 좋지 않다.

2도 백 두터움

흑1로 이어도 백2로 잡는 것이 두텁다. 흑3으로 협공을 해도 백은 A와 B가 남아 자유로이 선택할 수 있다.

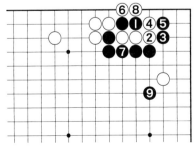

3도 정해

흑1로 두점으로 키운 후에 버리는 것이 올바른 수순이다. 흑3 이하 백8까지 흑 두점을 사석작전으로 한 후 흑9로 씌우면 대만족이다.

변화의 맥

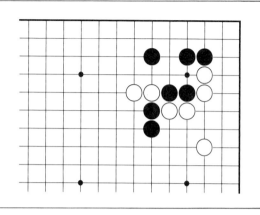

문제 11 (백차례)

끊어져 있는 백 두점을 안정시켜야 한다. 백은 어떻게 두어야 할까?

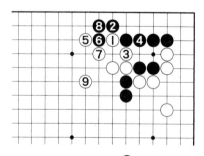

1도 무겁다

백1의 마늘모는 흑2로 백3을 두게 한 후 흑4를 당하여 흑에게 심한 공격을 받는다.

2도 백 두터움

백1로 붙여 흑2로 젖힐 때 백3, 흑4를 교환한 후 백5로 한칸 뛴다. 흑6으로 몰면 백7로 받고 백9로 지켜서 1도보다는 백이 두텁다.

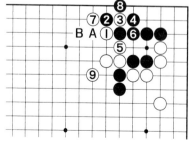

3도 정해

흑2로 젖힐 때 백3으로 끊어두는 것이 모양을 정비할 때 쓰는 기본적인 맥이다. 이하 백9까지 백의 모양이 정비된다. 흑A로 끊으면 백B로 몬다.

156

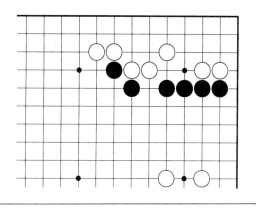

문제 12 (흑차례)

흑은 허술한 모양을 하고 있어 백의 약점을 찾아 모양을 정비하고 싶다. 흑은 어떻게 두어야 하는가?

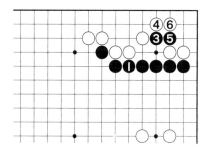

1도 후수

흑1로 잇는 것은 후수이다. 백이 손을 빼도 흑3에 백4·6으로 둔다. 역시 흑1의 가치가 줄어든다. ②…손뺌

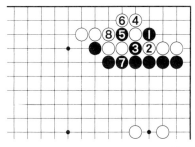

2도 정해

'날일자는 건너붙이라'는 격언대로 흑1로 붙인다. 백2에 흑3으로 끊으면 백4 정도. 이때 흑5로 끊는 것이 중요한 수순으로 백6 단수를 쳐야 할 때 흑7의 선수를 취할 수 있어 좋다.

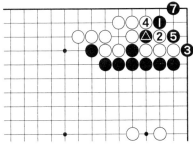

3도 계속

흑1의 마늘모가 계속되는 맥이다. 백2에는 흑3의 단수에 백4로 흑 한점을 잡고 흑5, 7로 귀를 유린하고 모양을 정비한다. ⑥…▲

문제 13 (백차례)

백은 여기서 선수를 취
하고 다른 곳에 두고 싶다.
어떻게 두는 것이 좋은가 ?

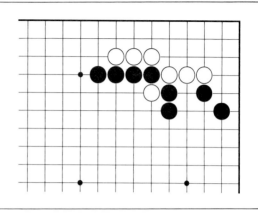

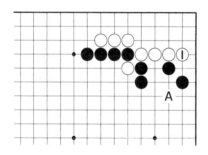

1도 속수

백1로 찌르고 흑2에 백3으로 모는 것은
선수를 잡을 수는 있으나 흑이 너무 두터
워 불만.

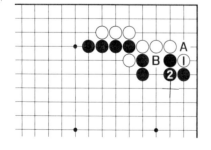

2도 후수

백1로 내리는 것은 A에 백돌이 없으므
로 후수이다.

3도 정해

백1로 두어 흑2를 강요하는 것이 정해
이다. 백1에 흑A로 단수치면 백B로 뚫고
나오게 된다.

문제 14 (흑차례)

흑이 선수를 취하여 안정하고 싶다. 어떻게 두어야 하는가?

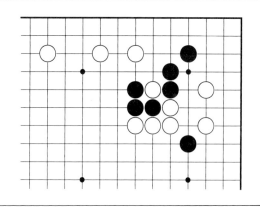

1도 흑 불리

흑1로 직접 두는 것은 백2때 흑3으로 백△ 한점을 잡게 되지만 백 4까지 흑의 불만이다.

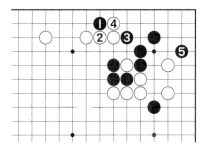

2도 정해

흑1로 들여다보아 사석작전하는 것이 이 경우에는 요령이다. 백2로 이으면 흑3. 백4로 막을 때 흑5로 달려서 안정한다.

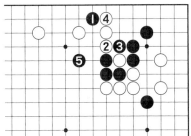

3도 변화

흑1에 백2로 저항하면 흑3으로 백 한점을 잡는다. 백4로 흑 한점을 잡으면 흑5로 뛰어 흑이 좋다.

변화의 맥

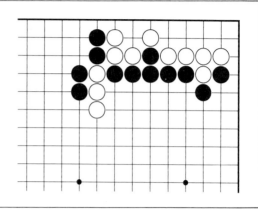

문제 15 (흑차례)

흑은 양쪽으로 분단되어 있어 수습을 서둘러야 한다. 어떻게 두어야 하는가?

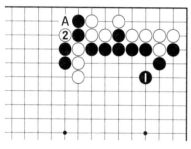

1도 흑 불리

흑1로 지키는 것이 상변을 안정시키는 정수이다. 그러나 백2로 끊기면 흑의 모양이 나쁘게 된다.

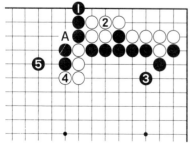

2도 흑 불리

그렇다고 흑1로 보강하면 상변을 끊겨 흑 두점을 주어야 한다. 흑A로 나가는 것은 패망선을 기어 망하는 꼴이다.

3도 정해

흑1로 내리는 것이 선수. 백2로 이을 수밖에 없다. 이때 흑3으로 잇고 백4면 흑5로 한칸 뛰어 양쪽을 모두 수습한다. 백A로 끊는 수는 없다.

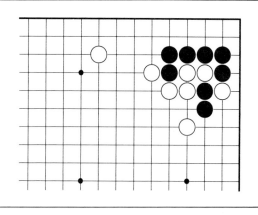

문제 16 (흑차례)

흑은 선수를 취하여 다른 곳에 두고 싶다. 어떻게 두어야 하는가?

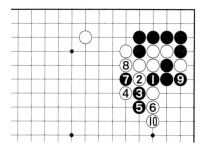

1도 난전

흑1, 3으로 나가 끊은 것은 상당한 난전이 예상된다. 백4에 흑5로 두면 백6으로 나가야 하는데 흑7로 단수친 후 흑9로 잡고 백10까지 상당히 어려운 싸움이다.

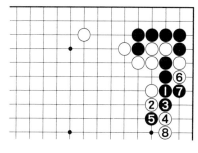

2도 흑 불리

흑1로 느는 것은 백2, 4로 답답. 흑5로 끊으면 백6이 중요한 수로 흑7 다음 백8까지 흑은 봉쇄되어 불리하다.

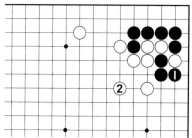

3도 정해

흑1로 백 한점을 잡는 것이 의외로 좋은 수이다. 백이 약점을 보강하기 위해 백2로 지킬 때 흑은 귀중한 선수를 잡는다.

문제 17 (백차례)

백은 이곳을 선수로 처리하고 다른 곳을 두고 싶다. 어떻게 두어야 하는가?

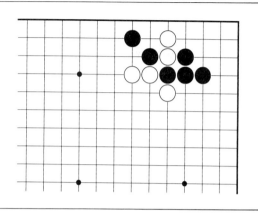

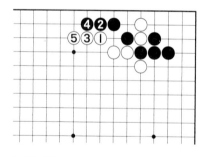

1도 후수

백1로 단수치고 흑2로 받을 때 백3으로 막는 것은 흑4 다음 백5로 받아야 하므로 후수이다.

2도 손해

백1로 마늘모로 두어 흑2로 받게 하는 것은 이하 백5까지 둘 수 있으나 흑의 실리가 크다.

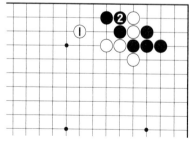

3도 정해

실전에서 이런 유사한 형이 많이 나오는데 백1 날일자가 멋진 수습책이다. 흑2 가일수는 정수로서 백은 귀중한 선수를 잡는다.

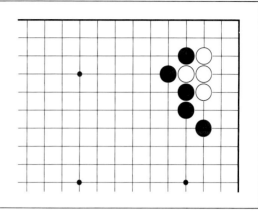

문제 18 (흑차례)

흑은 탄력적으로 두는
수를 강구하여야 한다. 어
떻게 두어야 할까?

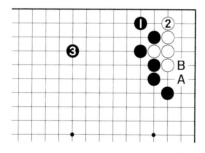

1도 후수

흑1로 내리는 수는 백2때 흑3의 보강이
불가피하여 후수이다.

2도 정해

흑1로 호구쳐두는 것이 선수이다. 백2
로 늘어야 할 때 흑3으로 벌려 흑의 성공
이다. 흑A, 백B의 교환은 흑의 권리.

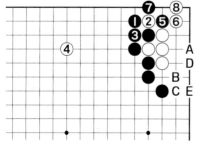

3도 변화

흑1의 호구 때 백2로 단수쳐 흑3으로
잇게 한 후 백4로 두는 수도 있다. 그러
나 흑5로 백 한점을 잡은 흑의 외세가 너
무 두터우며 흑A에서 E까지 즐거운 후속
수단이 있다.

문제 19 (백차례)

비교적 간단한 형이다. 상황에 따라 임기응변하는 것도 하나의 맥활용이다. 백은 어떻게 두어야 하는가?

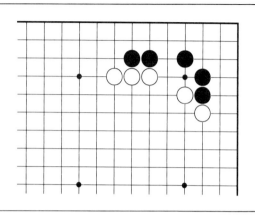

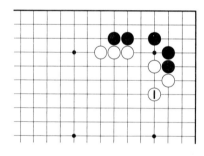

1도 손뺌은 무리

백이 보강을 하지 않고 손을 빼는 것은 흑1로 끊겨 백 두점과 우변의 백 두점이 흑A와 B의 맞보기로 노림당한다.

2도 호각

백1의 호구가 두텁고 좋은 수이다. 흑도 귀에 실리가 있고 선수이므로 호각이라 할만하다.

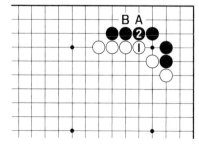

3도 정해

백1이 임기응변의 수. 흑이 손을 빼면 백2 밀고 나간 후 흑A때 백B로 끊어 완전히 봉쇄할 수 있게 된다. 백은 선수를 잡아 다른 큰 곳을 둔다.

문제 20 (백차례)

백이 한칸 뛰었을 때 흑이 들여다본 장면이다. 백은 어떻게 두어야 할까?

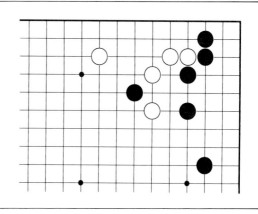

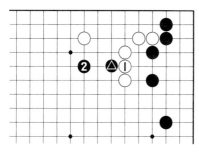

1도 흑의 주문

흑▲로 들여다본 수에 백1로 잇는 것은 흑의 주문이다.

2도 정해

먼저 백1로 끊어 흑2로 받게 한 후 백3으로 뛰어두는 것이 좋은 수이다. 흑A로 나가면 백B. 끊어둔 백1 때문에 흑C로 끊을 수가 없다.

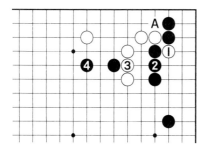

3도 변화

백1로 끊었을 때 흑2로 이으면 백3. 나중에 백A로 막는 수가 흑의 비마끝내기를 선수로 방지한다.

문제 21 (흑차례)

흑은 철벽의 외세를 구축하고 싶다. 어떻게 두는 것이 좋을까?

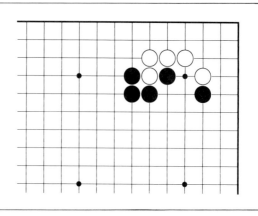

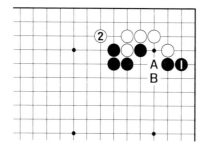

1도 흑 가능

흑1의 마늘모는 부분적으로 정수이다. 다음에 흑은 A에 젖히고 백B로 받을 때 흑C로 단수치는 수가 남는다.

2도 반선수

흑1로 내리는 것은 반선수의 의미가 있다. 백은 2로 뛰는 정도. 후에 백A는 흑 B로 받는다.

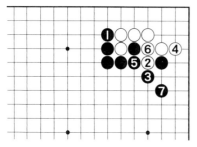

3도 정해

흑1로 막고 백2때는 흑3으로 막는다. 백4로 내리면 흑5로 단수쳐 백6으로 잇게 한 후 흑7로 지켜 흑의 철벽이다.

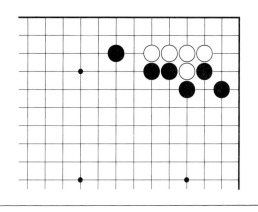

문제 22 (흑차례)

흑은 이곳을 선수로 처리하고 다른 곳에 두고 싶다. 어디에 두어야 할까?

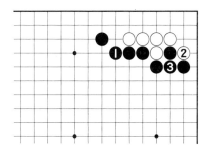

1도 후수

흑1은 두터운 수이지만 백2로 받을 때 흑3에 지켜야 하므로 후수이다.

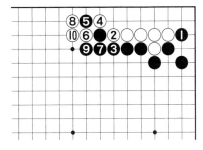

2도 후수

이번에는 흑1. 그러나 백2로 단수하여 흑3으로 잇게 한 후 백은 선수로 다른 곳에 둔다. 역시 불만이다.

3도 정해

흑1로 젖히는 것이 호착이다. 백2에는 흑3으로 막고 백4에 흑5로 이단젖히는 것이 또한 중요한 맥이다. 백6의 단수에는 흑7로 잇고 백8로 잡아도 백10까지 흑의 세력이 좋다.

167

문제 23 (흑차례)

흑은 백 한점을 따내기 전에 선수로 활용해두어야 할 곳은 없는지 연구해 보아야 한다. 흑은 어떻게 두어야 하는가?

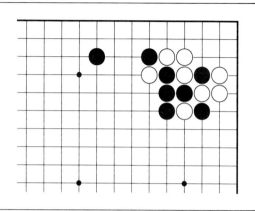

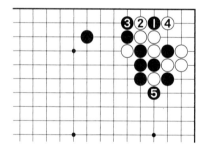

1도 흑 불만

흑1로 백 한점을 잡는 것은 두텁지만 백2의 단수에 흑3으로 늘면 백4 다음 A의 축이 문제가 된다.

2도 정해

흑1로 붙이는 것이 절묘한 수. 백2로 받으면 흑3이 선수이므로 백4로 받을 수밖에 없을 때 흑5면 좋다.

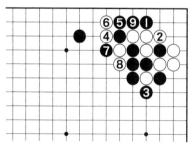

3도 변화

흑1로 붙였을 때 백2면 흑3으로 따낸다. 백4, 6으로 단수치고 늘면 흑7로 끊어 백8과 교환한 후 흑9로 이어 백은 수습을 할 수 없게 된다.

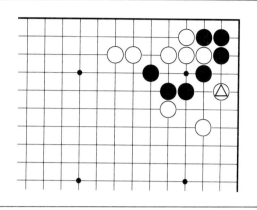

문제 24 (흑차례)

백이 흑을 끊으려고 들여다본 장면이다. 흑은 어떻게 두어야 할까?

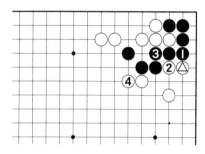

1도 백의 주문

백(△)이 들여다보았을 때 흑1로 이으면 백2, 흑3 다음 백4로 늘어 흑의 타개책이 난감하다.

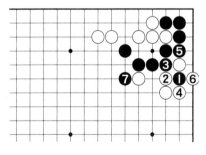

2도 정해

흑1의 건너붙임수가 이 경우의 맥이다. 백2로 젖히면 흑3으로 끊어 백4때 흑5로 둘 수 있다. 백6으로 흑 한점을 잡으면 흑7로 젖혀 활발한 모양이다.

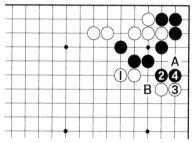

3도 변화

백이 A로 두지 않고 그냥 백1이면 흑2로 지켜 B를 노린다. 백3으로 두면 흑4. 계속해서 B를 노린다.

문제 25 (흑차례)

흑은 상변의 네점과 오른쪽의 흑 두점을 살려야 한다. 흑은 어떻게 두어야 양쪽을 모두 수습할 수 있을까?

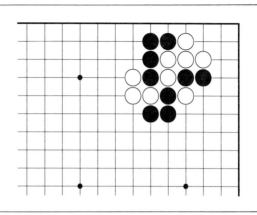

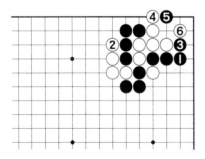

1도 실패

흑1로 지키는 것은 백2, 흑3 다음 백4로 흑 세점이 잡혀 고전이다.

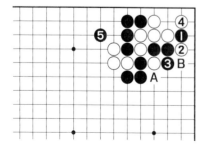

2도 실패

흑1로 오른쪽을 두면 백2로 둔다. 흑3이면 백4가 묘수로 귀의 백을 잡을 수 없다. 흑5에 백6으로 두면 흑의 한수 부족.

3도 정해

먼저 흑1로 젖혀 백2, 4를 유도한 후 흑5로 두는 것이 요령이다. 다음 백A로 나가는 것은 흑B로 충분히 싸울 수 있다.

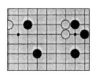

수습의 맥

문제 1 (백차례)

백 두점이 흑에게 갇힌 모습이다. 효과적으로 탈출하려면 백은 어떻게 두어야 하는가?

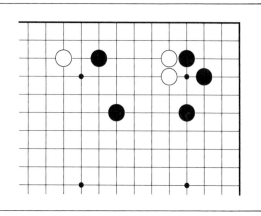

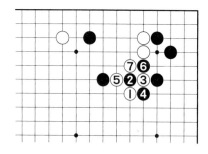

1도 약간 무겁다

백1에서 흑6까지 처리하는 것은 일단 탈출은 가능하지만 흑에게 실리를 주고 백은 무거운 모양으로 좋지 않다.

2도 정해

백1의 눈목자가 가벼운 수법이다. 흑2로 막으면 백3으로 끼워서 흑4때 백5로 몰아 봉쇄를 피할 수 있다.

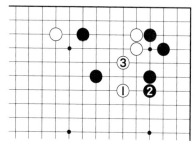

3도 흑의 정수

백1때 흑2로 지키는 수가 정수이다. 백3으로 연결할 수밖에 없을 때 흑은 후일을 도모한다.

문제 2 (흑차례)

흑이 탈출하려면 백의 모양이 굳어지게 되어 불리하다. 흑은 어떻게 두어야 좋은가?

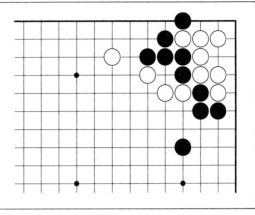

1도 흑 불리

흑1로 젖히는 것은 백2로 받게 되며 흑3때 백4로 끊어 탈출이 불가능하다. 흑5면 백6으로 젖혀 흑은 살기가 어렵다.

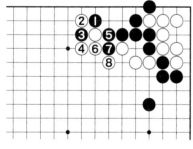

2도 봉쇄

흑1로 붙여 백2때 흑3으로 끊는 것은 백4로 단수쳐 이하 백8까지 흑은 완전히 봉쇄된다.

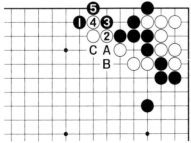

3도 정해

흑1이 멋진 맥점으로 탈출가능한 수이다. 백2면 흑3으로 넘어간다. 흑1에 백4로 막으면 흑A, 백B, 흑C로 탈출한다.

수습의 맥

문제 3 (백차례)

백이 흑의 포위망 속에
서 직접 움직이는 것은 역
습을 당하기 쉽다. 어떻게
두는 것이 좋은 수 인가?

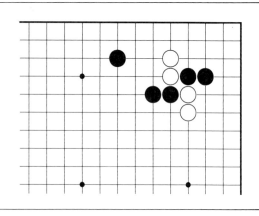

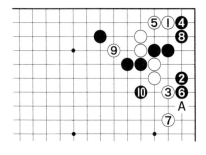

1도 직접법

백1로 직접 움직여 흑▲ 한점과 흑 두
점을 분리하려는 것은 좋은 모양이 되지
못한다. 먼저 귀에서 공작을 하는 수순이
필요하다.

2도 백의 공격

백1로 귀를 공격하는 맥도 있다. 탈출
하는 폭이 좁지만 유력한 수이다. 흑2이
하 8까지 산다. 결국 백9로 탈출을 하면
흑10이나 A로 늘어 호각.

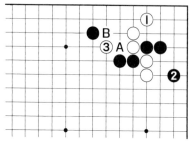

3도 정해

먼저 백1로 마늘모한 후 흑2로 받을 때
백3으로 두는 것이 올바른 수순이다. 흑A
로 나가는 것은 백B로 받아 봉쇄를 당하
지 않는다.

174

문제 4 (백차례)

백이 탈출하기 위해서는 흑의 형태를 무너뜨려야 한다. 어떻게 두어야 할까?

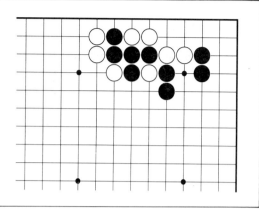

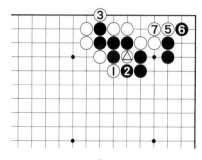

1도 백 만족

백1로 단수쳐서 흑2로 받으면 백3으로 넘어가 흑4를 잇게 한 후 백5로 젖히고 흑6때 백7로 잇는다. ❹…△

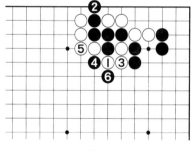

2도 흑의 역습

백1로 단수칠 때 흑2로 내리는 것을 생각할 수 있다. 백3으로 이으면 흑4로 단수쳐 백5를 잇게 한 후 흑6이면 축이 되어 백이 망한 모습이다.

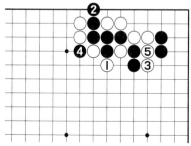

3도 정해

흑2로 내릴 때 백3으로 붙이는 것이 축을 방지하면서 백이 탈출할 수 있는 묘수이다. 흑4로 끊으면 백5로 이어 백 호조.

문제 5 (백차례)

두칸높은협공 정석에서
나오는 모습이다. 이 백은
어떻게 두어야 중앙으로
탈출할 수 있는가?

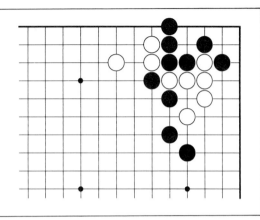

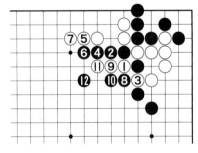

1도 흑의 외세

백1로 막아 흑2를 잇게 한 후 백3으로
붙여 이하 백11까지 사는 것은 흑의 외세
가 좋아 백의 불만이다.

2도 다시 봉쇄

백1로 끊으면 흑2로 나간다. 백3으로
단수해도 흑4 이하 흑12까지 다시 봉쇄되
어 백이 불리하다.

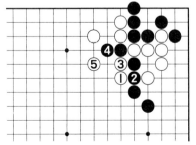

3도 정해

백1로 들여다본 후 흑2로 이을 때 백3
으로 끊는 것이 정해이다. 흑4로 나가도
백5의 장문에 흑은 움직일 수 없다.

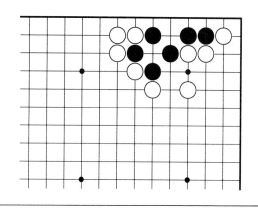

문제 6 (흑차례)

흑은 모양이 허약한 편이다. 백의 포위망 속에서 중앙으로 탈출하려면 어떻게 두어야 하는가 ?

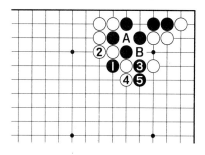

1도 무리

흑1로 단수하고 백2로 이으면 흑3으로 단수치면서 흑5로 탈출한다. 그러나 흑1에 백A로 따낼 때 그냥 흑B로 이으면 백이 3에 막아 흑은 전멸한다.

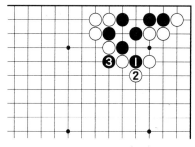

2도 정해

흑1로 끼우는 수가 호착으로 백2로 받는 것은 백의 무리이다. 흑3의 양단수를 당하기 때문.

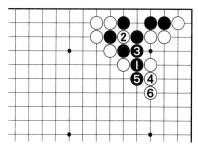

3도 변화

흑1로 끼울 때 백은 패를 따내 흑3으로 잇게한 후 백4로 수습해야 한다. 흑5에는 백6으로 둔다.

문제 7 (흑차례)

간혀 있는 흑이 백의 약점을 이용하여 탈출하는 것이다. 흑은 어떻게 두어야 탈출할 수 있을까?

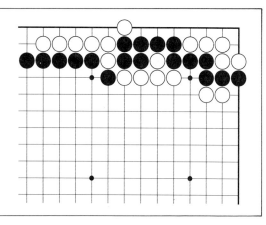

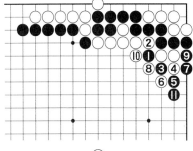

1도 패

흑1로 젖혀 백2로 받을 때 흑3으로 치중하는 것은 백4로 흑 한점을 잡고 패가 된다. 이것은 흑의 실패.

2도 정해

흑1로 젖혀 백2로 받을 때 흑3, 흑5의 이단젖히는 것이 중요한 맥이다. 백6으로 단수치면 흑7로 넘어가 흑11까지 탈출한다.

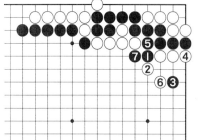

3도 변화

흑1에 백2로 받으면 흑3으로 백4를 유도하는 것이 중요한 맥이다. 흑5로 이을 때 백6이 불가피하여 흑7로 탈출한다.

문제 8 (백차례)

백은 흑에게 갇혀 있어서 쉽게 중앙으로 탈출할 수 없다. 백은 이 어려움을 어떻게 타개해야 할까?

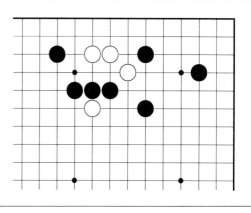

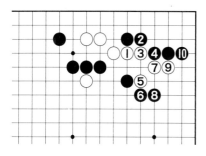

1도 백의 속수

백1로 밀면 흑2. 백3, 흑4 다음 백5로 붙여도 흑6으로 젖히면 흑10까지 백은 탈출이 불가능하다.

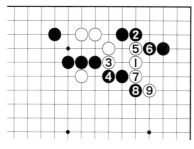

2도 백 불리

백1의 날일자에는 흑2로 보강한다. 백9까지 탈출은 가능하나 백이 너무 무거운 모습이다.

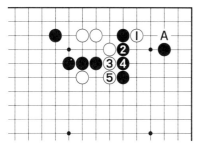

3도 정해

백1로 붙이는 것이 맥이다. 흑2로 두면 백3, 5로 중앙진출이 가능하다. 귀는 A로 붙이는 수가 남는다.

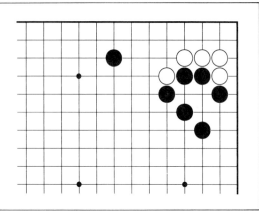

문제 9 (백차례)

흑의 봉쇄를 피하여 가볍게 두고 싶다. 백은 어떻게 두어야 할까?

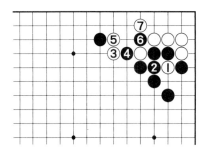

1도 봉쇄

백1은 흑2를 당해 백3때 흑4로 봉쇄당한다. 흑4는 A로 둘 수도 있다.

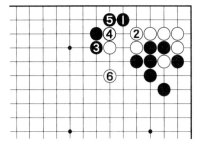

2도 정해

먼저 백1로 끊어 흑2때 백3으로 나가는 것이 바른 수순이다. 흑4로 단수쳐도 백5로 뻗고 흑6으로 딸 때 백7로 넘어간다.

3도 변화

2도의 백3때 흑1로 백2로 잇게 한 후 흑3으로 두는 반발수도 예상되나 백4로 쌍립 후 흑5때 한칸뛰어 좋다.

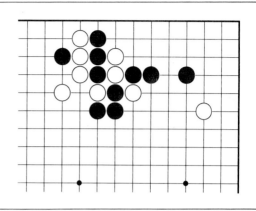

문제 10 (백차례)

흑에게 갇혀 있는 백 두 점과 단수당해 있는 백 한 점을 가볍게 수습하려고 한다. 백은 어떻게 두어야 할까?

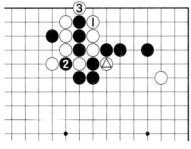

1도 무기력

백1로 잇는 것은 흑2로 백 두점이 잡혀 전체적으로 무겁다.

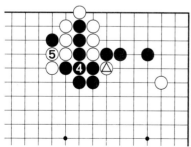

2도 정해

백1로 빠져 흑2를 강요하는 것이 요령이다. 백3으로 건넘으로써 흑을 양분하고 있는 백△ 한점이 움직일 기회를 노리게 된다.

3도 계속

흑4로 이으면 백5로 두어 백은 활발한 모습. 흑은 포도송이로 뭉친 데다 백△ 한점이 매우 부담스럽다.

문제 11 (흑차례)

중앙의 흑은 백에게 끊 긴 모습으로 가볍게 처리 하고 싶다. 어떻게 두어야 할까 ?

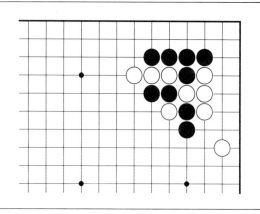

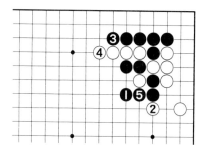

1도 흑 불리

흑1로 밀어 백2와 교환한 후 흑3 다음 백4로 두면 흑이 응수해야 하는데 백A면 백은 양쪽을 모두 수습한 모습이다.

2도 정해

먼저 흑1로 씌워서 백2로 붙일 때 흑3 으로 두는 것이 요령이다. 백4때 흑5로 이어 백의 공격을 노린다.

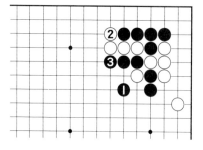

3도 변화

흑1에 백2면 흑3으로 밀어 흑이 매우 두터운 모습이다. 흑은 상변을 공격하는 것과 오른쪽의 백마를 노린다.

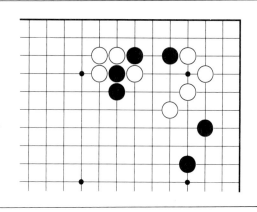

문제 12 (흑차례)

상변의 흑을 가볍게 처리하고 싶다. 흑은 어떻게 두어야 할까?

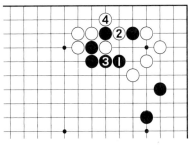

1도 속수

흑1로 단수치면 백2에서 백6까지 막혀 흑이 답답한 모습이다.

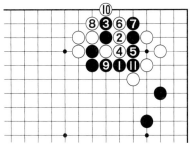

2도 흑 불리

흑1로 씌우면 백은 2로 단수친다. 흑3은 백4로 흑의 매우 무거운 모습. 근거가 없어 심한 공격을 받게 될 것이다.

3도 정해

흑1에 백2로 단수칠 때 흑3으로 늘어 두점으로 키워 버리는 것이 요령이다. 백4로 이어도 흑5, 백6으로 단수친다. 이하 흑11까지 흑은 두터워지고 백이 엷어진다.

문제 13 (흑차례)

어떻게 처리해야 안정을 하거나 봉쇄를 당하지 않는가를 먼저 생각해야 한다. 흑으로서 어떻게 두어야 할까?

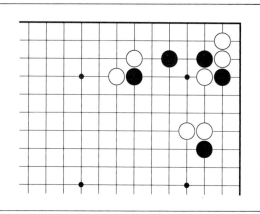

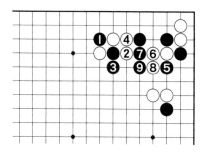

1도 흑 불리

흑1로 늘어 백2로 잇게 하는 것은 흑이 불리하다. 흑3의 단수에 이어 흑5면 백6으로 끊겨 백은 양쪽을 수습한 모양이다.

2도 정해

흑1로 끊는 것이 맥이다. 백2로 단수친 후 백4로 이으면 흑5, 흑7로 자연스럽게 나오는 것이다. 백8에 흑9면 백은 양쪽 수습이 어렵다.

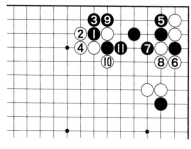

3도 변화

흑1로 끊을 때 백2로 단수친 후 백4로 잇는 수도 있다. 흑5로 백6과 교환한 후 흑11까지 안정한다.

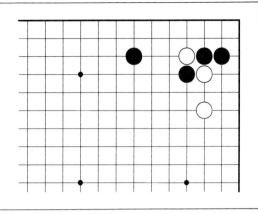

문제 14 (백차례)

흑에게 끊긴 백이 여기서 양쪽 다 수습하려는 것은 무리이다. 어떻게 처리해야 좋을까 ?

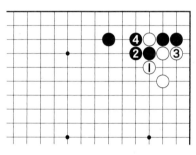

1도 백 손해

백1로 단수치고 백3으로 잇는 것은 흑4까지 백 한점이 잡혀 실리로 큰 손해이다.

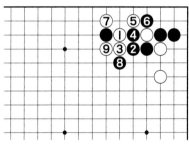

2도 정해

백1로 붙여서 수습하는 것이 요령이다. 흑2에는 백3으로 나가고 흑4에는 백5. 흑6으로 백 한점을 따내면 백7로 젖혀 백9까지 흑 한점을 제압해서 불만이 없다.

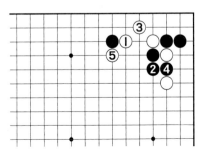

3도 변화

백1로 붙일 때 흑2로 두는 것이 흑의 수습책. 백3이면 흑4로 백 한점을 잡고 백5로 젖혀 호각이다.

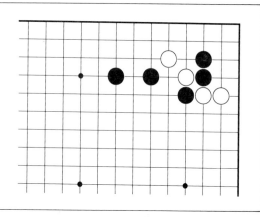

문제 15 (백차례)

백은 봉쇄당하지 않고 가볍게 수습하고 싶다. 어 떻게 처리하는 것이 좋은 가?

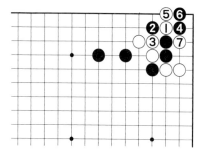

1도 우형

백1로 단수치고 백3으로 잇는 것은 무 겁다. 흑4로 백5 이하 백9까지 선수로 둔 후 흑10으로 살면 백이 나쁘다.

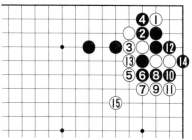

2도 백의 주문

백1로 흑의 두점 머리를 붙였을 때 흑2 로 젖히는 것은 백의 주문. 백3일 때 흑4 로 끊는다. 백5로 두점으로 키워서 버리 면 흑6이 불가피하고 백7까지 흑 대실패.

3도 정해

흑2로 응수하면 백3으로 잇는다. 흑4면 백5로 씌워 백 두점을 버리는 것이 좋다. 이하 흑14로 백 두점을 따낼 때 백15가 모양.

문제 16 (백차례)

끊고 있는 백 한점은 매우 중요한 돌로 버릴 수 없다. 백은 어떻게 두어야 제대로 처리할 수 있을까?

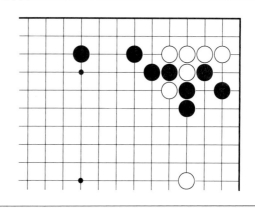

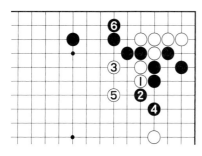

1도 최악

백1로 미는 것은 흑2로 두점머리를 맞고 백3, 5가 불가피. 이후 흑6으로 두면 백은 도처에 약한 돌이 많아 나쁘다.

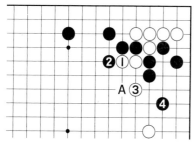

2도 백 엷음

우변의 흑이 약해 보이지만 백1과 흑2의 교환 후 백3으로 두면 흑4가 제격. 이어서 백은 A정도에 지켜야 하는데 엷어서 좋지 않다.

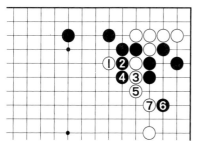

3도 정해

준비공작으로 백1이 맥이다. 흑2로 나오면 백3으로 자연스럽게 나올 수 있고 우변의 흑을 공격할 수 있어 좋다.

문제 17 (백차례)

보통 가볍게 두는 것은 심한 공격을 받지 않으므로 좋은 행마법 중의 하나이다. 지금은 어떻게 두는 것이 좋은가?

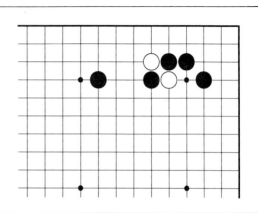

1도 무겁다

백1로 단수친 후 흑2로 늘 때 백3으로 호구치는 수는 후속 수단이 적당하지 못해 무겁다.

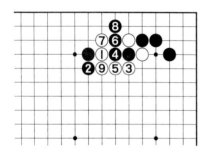

2도 백의 주문

백1로 붙이는 것이 상용의 수법이다. 흑2로 서는 것은 백의 주문에 걸려든다. 백3의 단수에 흑4 이하 백9까지 흑의 모양이 나쁘고 백이 두텁다.

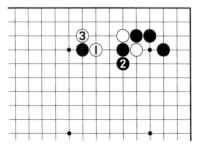

3도 정해

백1로 붙일 때 2도의 흑2로 서는 것은 백의 주문이므로 이 쪽을 뻗는 수가 정수. 이어서 백3으로 젖히는 것이 호각이다.

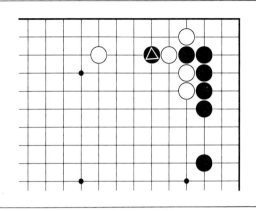

문제 18 (백차례)

흑이 백의 옆구리에 붙여 응수를 타진한 모습이다. 백은 어떻게 수습하는 것이 좋은가?

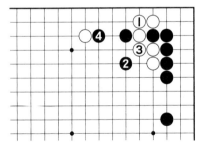

1도 흑의 주문

백1로 잇는 것은 흑의 주문이다. 흑2에 백3으로 이어야 하는데 흑4면 백은 근거 없이 일방적인 공격을 당하여 좋지 않다.

2도 대동소이

백1로 아래쪽을 잇는 것도 흑의 주문으로 대동소이. 흑2에 백3으로 이으면 흑4로 뛰어 역시 백은 근거없이 일방적인 공격을 받게 된다.

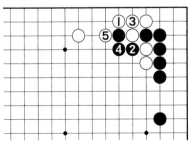

3도 정해

백1로 호구쳐서 중앙의 백 두점을 버리는 것이 좋은 방법이다. 흑2로 끊으면 백3으로 잇고 흑4, 백5로 모양을 정비하여 백도 활발한 모습이다.

문제 19 (흑차례)

흑은 백(△)이 끼운 것을 처리하는 데에 고민하는 중이다. 어떻게 두어야 좋은가?

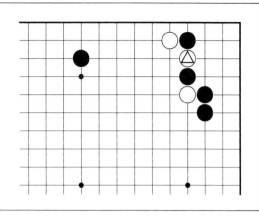

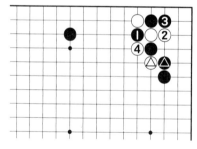

1도 백의 주문

흑1로 모는 것은 백의 주문에 응하는 것. 백2, 흑3 다음 백4를 선수하고 백6으로 벌리면 백은 안정된다.

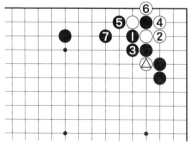

2도 흑 불리

흑1로 백2를 늘게 하고 흑3으로 두는 것은 백4로 양단수가 되어 백이 유리한 모습이다. 백△과 흑▲의 교환이 충분히 활용되고 있다.

3도 정해

흑1, 백2때 흑3으로 잇는 것이 침착한 수이다. 백4로 잡으면 흑5로 둔 후 흑7까지 백을 봉쇄하여 만족이며 백△ 한점도 제압하여 좋다.

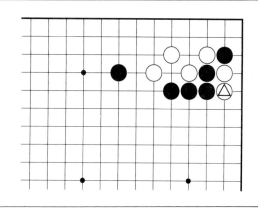

문제 20 (흑차례)

백(△)이 움직인 장면이다. 흑은 이 수를 보고 반격하는 수를 준비해야 한다. 어떻게 두어야 할까?

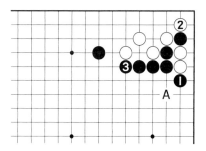

1도 평범

흑1로 막아 백2와 교환하는 것은 흑은 외세, 백은 실리로 평범하다. 백은 A로 단점을 노리게 된다.

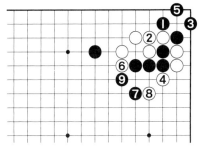

2도 정해

흑1로 단수치고 흑3으로 두는 것이 좋은 수이다. 이어서 백4면 흑5로 살고 백6 이하 흑9까지 흑이 충분히 싸울 수 있다.

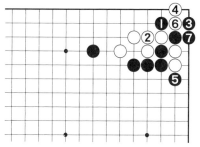

3도 흑 유리

흑3때 백4로 치중하는 것은 백이 걸려든 모습이다. 흑5로 젖히면 백6으로 끊어도 흑7로 이어 백 두점을 잡아 흑이 유리하다.

191

문제 21 (흑차례)

백(△) 한점이 흑을 봉쇄하려고 둔 장면이다. 소목의 한칸걸침 정석에 나오는 유명한 맥이다. 흑은 어떻게 두어야 할까?

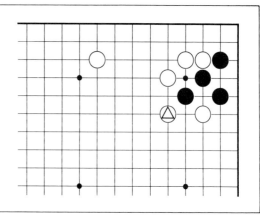

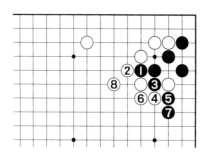

1도 흑 망함

흑1, 흑3으로 나간 후 흑5로 끊는 것은 대악수이다. 백은 잇지않고 백6으로 찔러 흑이 끊겨 망한 모습이다.

2도 정해

백에게 약점을 만들어놓은 후 흑5로 가만히 끊는 것이 좋은 수이다. 백6으로 이어도 흑7로 뻗어 좋다. 백은 8로 가일수해야 한다.

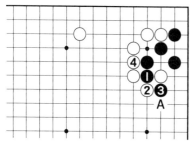

3도 백 유리

흑1로 나가 백2때 흑3으로 끊는 것은 백4로 이어 백의 좋은 모습이다. 흑A로 두는 것은 후수.

문제 22 (흑차례)

백(△)이 젖혀온 장면이다. 흑은 무심코 손따라 두면 좋지 않다. 어떤 강수를 준비해야 한다. 어떻게 두어야 할까?

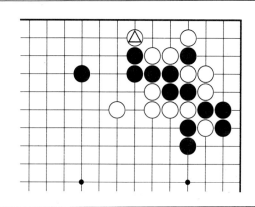

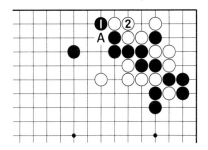

1도 무기력

흑1로 막는 것은 백2로 이어서 흑이 무기력하다. A의 약점 때문에 중앙 백의 공격도 쉽지 않다.

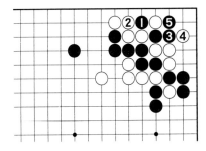

2도 정해

흑1로 끊어 백2와 교환하는 것이 흑3으로 나가는 수를 예상한 호수순. 백4에 흑5면 백의 어느 한쪽은 잡힌다.

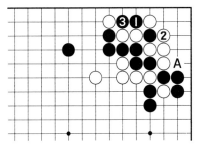

3도 변화

흑1에 백2로 잡으면 흑3으로 흑의 선수. 귀는 흑A로 백이 살 수 없다.

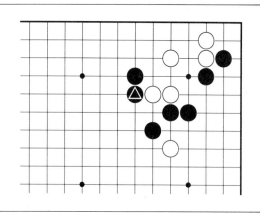

문제 23 (백차례)

흑(▲)이 백을 봉쇄하려는 장면이다. 백은 어떻게 두어야 막히지 않고 수습할 수 있을까?

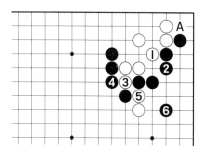

1도 불리한 싸움

백1, 흑2를 교환한 후 백3으로 치받아 백5로 끊는 것은 싸움이 된다. 그러나 흑 A가 선수이므로 백은 불리한 싸움을 해야 한다.

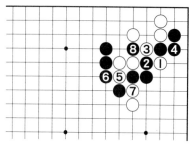

2도 백 불리

백1로 붙이는 것도 흑2, 백3 다음 흑4로 이을 때 백5, 백7로 끊으면 흑8로 백이 회돌이당한다.

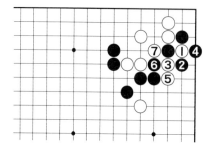

3도 정해

백1로 끊는 것이 정해이다. 흑2로 단수치면 백3으로 다시 단수쳐 백5로 나간다. 흑6에는 백7로 끊어 패와 흑의 약점을 노려 백이 좋다.

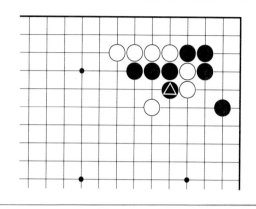

문제 24 (백차례)

흑(⬣)이 밀고 나오는 장면이다. 백은 어떻게 두어야 수습이 잘 될까?

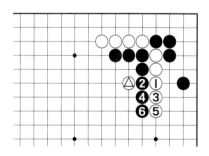

1도 무책

백1로 젖히는 것은 흑2으로 끊게 하여 백 두점을 쉽게 잃어 흑이 절대 유리하다. 백은 좌우가 분단되어 좋지 않다.

2도 백 손해

백1에서 흑6까지 무작정 미는 것은 백이 무겁고 근거가 불안하며 백⬣ 한점도 폐석화된다.

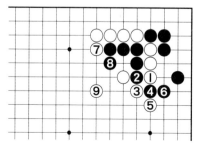

3도 정해

백1로 늘고 흑2때 백3으로 막는 것이 좋은 수이다. 흑4로 끊으면 백5로 몬 후 백7에서 백9까지 봉쇄하여 백이 둘 만하다.

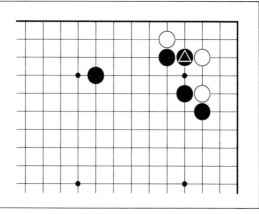

문제 25 (백차례)

지금 흑(⊿)이 치받은 장면이다. 백은 어떻게 수습을 해야 할까?

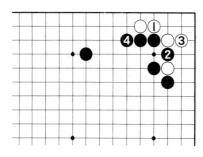

1도 백 불리

백1로 연결하는 것은 흑2, 백3 교환후 흑4까지 봉쇄를 당하여 불리하다.

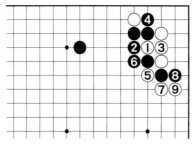

2도 정해

백1로 흑2를 두게 한 후 백3으로 잇는 것이 정해이다. 흑4면 백5로 끊어 흑6때 백7, 9로 둘 만하다.

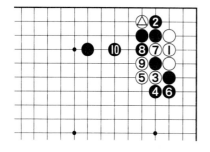

3도 백 불리

백1로 단순하게 잇는 것은 흑2로 백⊿ 한점이 제압당한다. 백3으로 끊어도 흑4로 단수당한 후 흑6 이하 흑10까지 백이 공격을 당하여 불리하다.

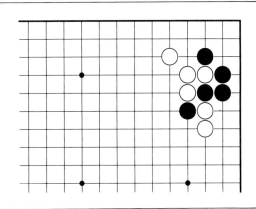

문제 26 (흑차례)

흑은 백을 끊고 있는 흑 한점을 움직여 백을 공격 하려고 한다. 그러나 귀의 흑이 문제이다. 흑은 어떻게 두어야 하는가?

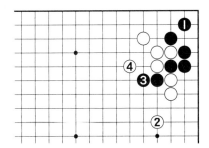

1도 흑 무리

흑1로 직접 움직이는 것은 백2, 4 다음 귀를 보강하지 않으면 안된다. 생략하면 귀의 흑은 흑A 이하 E까지의 부호순으로 살 수가 없다.

2도 흑 고전

흑1로 귀를 보강하면 백2. 흑3으로 뻗어도 백4면 중앙의 흑은 심한 공격을 받게 되어 흑의 고전이 예상된다.

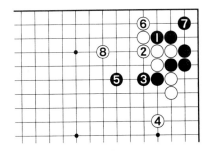

3도 기민한 수

흑1로 백2와 교환하는 것이 기민한 수로 정해이다. 흑3으로 뻗어 백4때 흑5로 중앙으로 진출할 수 있다. 백6이면 흑7로 귀는 살아있다.

197

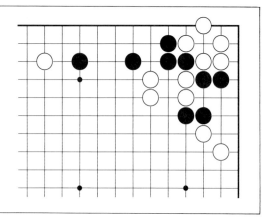

문제 27 (흑차례)

흑은 끊고있는 백 네점
을 공격하기 위해 흑 네점
을 살려야 한다. 어떻게
두어야 할까?

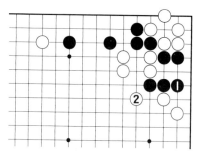

1도 흑 불리

흑1로 무작정 미는 것은 백2로 흑 두점
이 잡혀 불리하다.

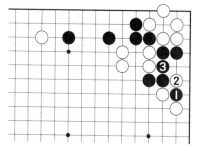

2도 책략부족

흑1로 쌍립하는 것은 백2로 봉쇄되어
전체가 탈출하기 어렵다.

3도 정해

흑1이 사석작전으로 백2을 유도하여 흑
3으로 이어서 탈출하는 수이다. 이 다음
흑은 중앙으로 진출하여 백을 공격한다.

문제 28 (백차례)

지금 흑이 백의 급소를 들여다본 장면이다. 백이 잇는 것은 뭉친 모양으로 좋지 않다. 백은 어떻게 두어야 할까?

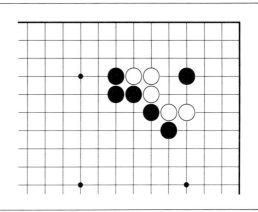

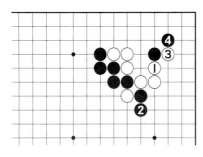

1도 백 불만

백1로 단수치고 백3으로 지키는 것은 흑6까지 백의 엷은 형태로 불만이다.

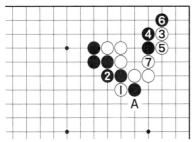

2도 흑의 중앙진출

흑이 중앙을 중시한다면 백1때 흑2도 있다. 백3이면 흑4로 이단 젖혀 귀에서 사는 맛이 있다.

3도 정해

백3이 간접적으로 백의 단점을 보강하는 수로 좋은 수이다. 흑4이면 백5로 넘어가고 흑6에는 백7. 다음 백은 A를 노린다.

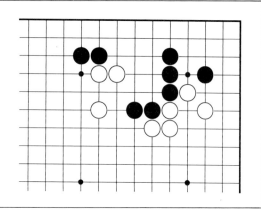

문제 29 (흑차례)

흑이 차단될 위험에 처해 있다. 흑은 어떻게 두어야 하는가?

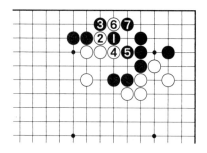

1도 일방적인 생각

흑1로 백2로 두게 하는 것은 흑의 안일한 생각으로 넘어가면 중앙이 끊겨 봉쇄당한다.

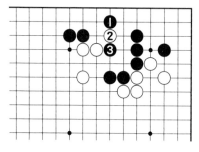

2도 가능한 수

흑1로 뛰는 것은 백2, 흑3을 교환한 후 백4. 흑5, 백6때 흑7로 패를 하는 것은 가능하다. 그러나 흑이 좋지 않다.

3도 정해

흑1로 뛰어 백2때 흑3으로 두는 것이 묘착이다. 양쪽이 모두 무사히 연결되어 성공.

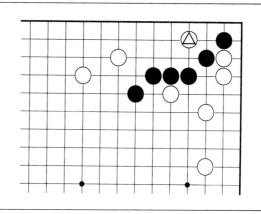

문제 30 (흑차례)

백이 흑의 근거를 위협하며 들여다본 장면이다. 흑은 어떻게 수습하는 것이 좋을까?

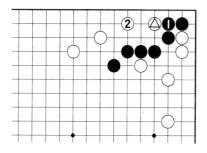

1도 백의 주문

백(△)이 들여다보았을 때 흑1로 잇는 것은 백2로 연결하여 흑은 근거를 잃고 심한 공격을 받아 불리하다.

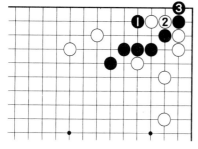

2도 정해

흑1로 붙여 백2로 끊으면 흑3이 중요한 수로 흑은 근거로 잡고 안정한 모습이며 백은 실리로 손해이다.

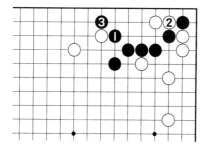

3도 역습

흑은 백이 들여다보았을 때 잇지 않고 흑1로 두는 수도 있다. 백2로 끊으면 흑3으로 젖혀 역습을 하는데, 주변의 상황에 따른다.

문제 31 (흑차례)

흑은 좌우로 양분되어 양쪽을 수습해야 한다. 어떻게 두어야 할까?

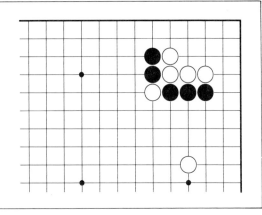

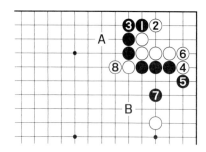

1도 무책

흑1로 뛰는 것은 백2로 젖혀 흑3으로 받게 한 후 백4로 잇는다. 흑5의 보강에 백6, 흑7이면 백8로 봉쇄당해 백이 유리하다.

2도 흑 불리

흑1·3으로 두는 수는 백4로 젖혀 이은 다음 백8로 늘 때 백A와 백B를 맞보아서 흑이 불리하다.

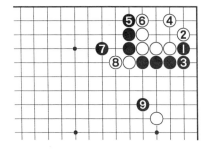

3도 정해

흑1과 흑3이 강력한 수이다. 백4면 흑5, 백6을 교환한 후 흑7로 뛴다. 백8로 뻗으면 흑9로 백을 분단해 공격한다.

문제 32 (흑차례)

흑은 선수로 근거를 취하고 싶다. 어떻게 두어야 하는가?

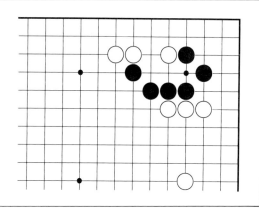

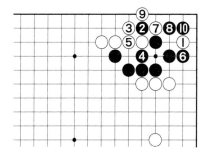

1도 손빼면 불리

흑이 손빼면 백1의 급소를 당한다. 흑2에 백5까지 둔 후 흑6 막는 한수인데 흑10까지 전체적으로 백이 두텁다.

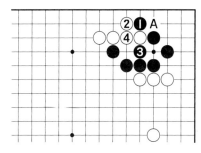

2도 선수

흑1, 3 다음 백4때 손빼서 선수지만 이다음 백A로 잡히는 수가 아프고 그렇다고 지키는 것은 불만.

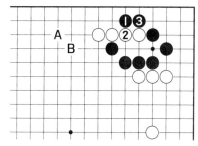

3도 정해

흑1로 들여다보아 백2를 두게 한 후 흑3으로 넘는 것이 귀의 실리도 크고 선수이다. 백은 다음에 A나 B를 두어야 안정된다.

수습의 맥

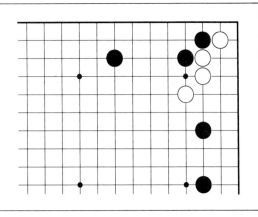

문제 33 (백차례)

백은 흑에게 여러가지 약점을 노릴 수 있다. 백은 어떻게 두는 것이 좋은 가?

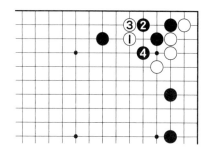

1도 평범

백1로 두어 흑 한점을 끊어 잡는 것은 평범하다. 흑은 엷지만 만족한다.

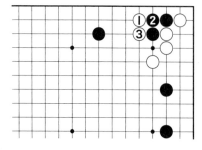

2도 흑의 반발

백1로 두는 것은 흑2, 백3 교환후 흑4로 반발당하여 공격과 수비가 바뀐 모습이 된다.

3도 정해

백1로 들여다본 후 흑2로 이을 때 백3으로 두는 것이 좋은 수이다. 흑2로 백3에 두면 백이 흑 한점을 끊어 잡아 좋다.

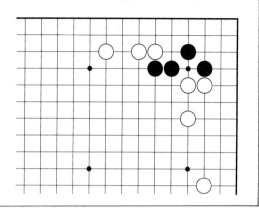

문제 34 (흑차례)

흑은 근거를 빼앗기지 않으면서 실리로도 손해를 줄어야 한다. 흑은 어떻게 두어야 할까?

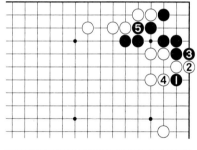

1도 흑 불리

흑1로 내리는 것은 백2로 붙여 흑3때 백4로 연결한다. 흑5에 백6까지 흑은 완전히 산 것이 아니다.

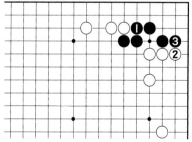

2도 계속

1도에 이어서 흑1은 백2, 흑3 교환후 백4때 흑5의 보강이 필요하다. 흑은 후수이며 백이 좋다.

3도 정해

흑1이 침착하고 좋은 수이다. 백2에는 흑3으로 받아 귀의 실리가 좋다. 흑1은 상변 백에 매우 영향력 있는 수이다.

문제 35 (흑차례)

백에게 갇혀 있는 모습이
다. 백의 약점은 필요할
때 노려야 한다. 흑은 어
떻게 두어야 하는가?

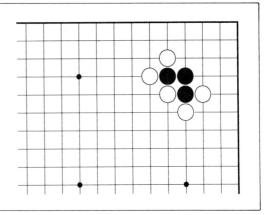

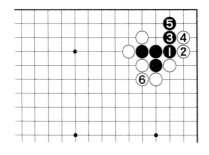

1도 속수

흑1로 단수친 후 백2로 이을 때 흑3으
로 단수쳐 백4로 늘게 하는 것은 속수로
서 백14까지 흑 불만.

2도 흑 불리

흑1로 두는 것은 백2로 석점머리를 얻
어맞아 통렬하다. 흑은 3으로 느는 한수.
백4에 흑5이면 백6으로 이어 흑의 다음
수가 없다.

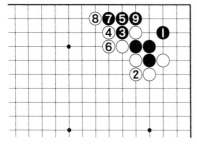

3도 정해

흑1의 마늘모가 좌우동형의 급소가 되
어 호수이다. 백2로 이으면 흑3으로 끊어
실리를 취해 흑이 좋다.

문제 36 (흑차례)

화점정석에서 많이 볼 수 있는 형으로 백이 귀를 밀고 들어온 장면이다. 흑은 어떻게 받아야 좋은가?

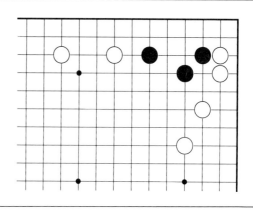

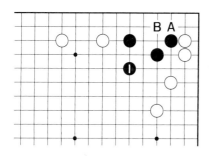

1도 백의 주문

흑1로 받을 때 백2로 들여다보면 축관계가 있는데 일단 흑3으로 이으면 백4로 넘어가 심한 공격을 받아 매우 불리하다.

2도 흑의 불만

그렇다고 미리 흑1로 보강하는 것은 중앙으로 진출하여 심한 공격은 피하게 되나 백A로 젖혀 흑B 정도로 실리가 줄어들어 흑이 불만이다.

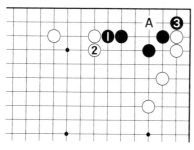

3도 정해

흑1로 치받아 백2로 받게 하여 중복시킨 후 흑3으로 젖히는 것이 정해이다. 다음 백A의 치중수는 성립하지 않는다.

문제 37 (백차례)

귀의 백이 사는 것은 쉽다. 그러나 실리도 취하면서 흑을 공격하는 수를 보아야 한다. 백은 어떻게 두어야 하는가?

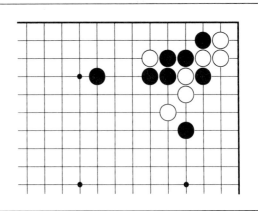

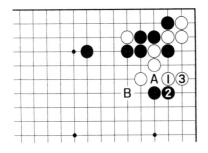

1도 견실

백1은 견실한 수. 흑2에는 백3으로 받아야 하는데 백이 사는 것은 어렵지 않으나 발이 느려 불만이다.

2도 백의 불만

백1, 3이면 백의 실리가 커서 좋으나 이어서 흑A를 노리고 흑B로 씌우면 흑이 강화되어 불만이다.

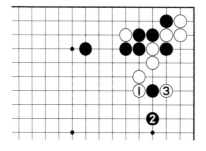

3도 정해

백1로 밀면 흑2로 뛰는 것이 맥인데 이때 백3으로 붙이는 것이 정해이다. 백은 실리도 크고 우변의 흑도 공격할 수 있어서 좋다.

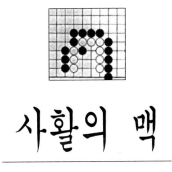

사활의 맥

문제 1 (백차례)

백의 집모양이 넓어 보인다. 그러나 너무 쉽게 생각하면 전체가 위험할 수도 있다. 백은 어떻게 두어야 하는가?

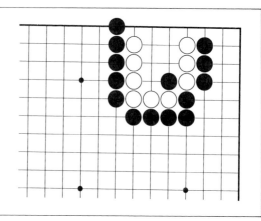

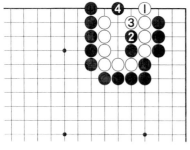

1도 너무 급하다

백1로 단수쳐서 1집을 만드는 것은 너무 급하다. 흑의 내려선 수(△)로 인해 흑2의 붙이는 수가 성립하여 백의 실패이다.

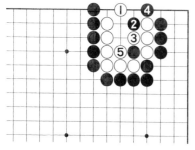

2도 내리는 수

백1의 내리는 수가 궁도를 넓히는 좋은 수이지만 흑2에서 흑4까지가 교묘한 수순으로 백은 두집을 낼 수 없어 죽는다.

3도 정해

여기서는 백1의 마늘모로 두는 수가 집모양에 풍부한 탄력을 주는 좋은 수이다. 흑2로 붙여도 백3, 흑4의 단수에 백5로 한집을 내면 백은 흑이 어떻게 두어도 산다.

문제 2 (흑차례)

흑은 살기 위해서 기본적으로 궁도를 넓혀야 한다. 백의 강력한 저항에 대비할 수 있어야 하는데 흑은 어떻게 해야 살 수 있을까?

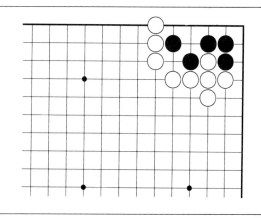

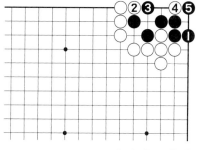

1도 전형적인 공격

흑1로 막는 수는 백2, 흑3 교환후 백4로 치중당해 실패. 흑5면 백6으로 먹여쳐서 흑은 옥집이 되어 죽는다.

2도 정수

먼저 흑1로 빠지는 수. 백2로 밀고 들어오면 흑3으로 막고 백4때 흑5로 먹여치는 수가 좋아 흑이 산다.

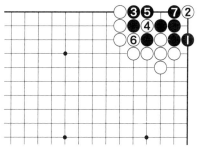

3도 정해

흑1로 두었을 때 백2로 곧바로 치중하는 수가 최강. 흑3때 백4로 먹여치면 흑5로 백 한점을 잡고 백6에 흑7로 패가 된다.

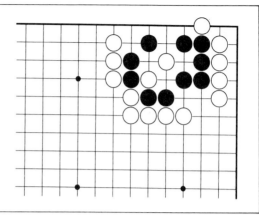

문제 3 (흑차례)

흑은 잡고 있는 백 두점을 잘 다독거려 삶을 도모해야 한다. 흑은 어느쪽부터 두어야 살 수 있을까?

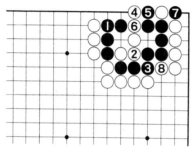

1도 양자충

먼저 흑1로 두는 것은 백2가 선수여서 흑3으로 이을 수밖에 없고 다음 백4의 치중이 급소로 실패. 이하 백8까지 양자충이 되어 흑은 살 수 없다.

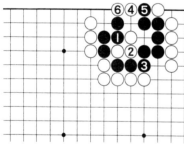

2도 단수의 방향

흑1로 단수치면 백2로 이으면서 단수가 되어 일단 흑3으로 이어야 한다. 이어서 백4면 흑5로 막아야 하는데 백6으로 이 흑은 확실한 안형을 갖출 수 없다.

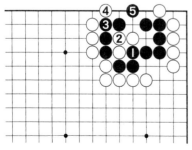

3도 정해

흑1로 단수해서 백2때 흑3으로 자연스럽게 잇는 것이 올바른 수순이다. 이어서 백4로 젖히면 흑5로 지켜 빅으로 산다.

문제 4 (백차례)

백은 흑쪽에 붙어있는 백(△) 한점을 잘 활용해야 위기에서 벗어날 수 있다. 백이 살려면 어떻게 두어야 할까?

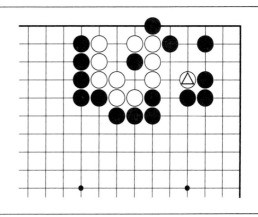

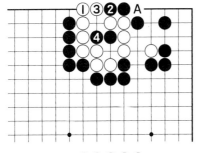

1도 책략부족

백1로 두어 확실한 한집을 내는 것은 흑2의 치중수가 뻔히 보인다. 백3, 흑4때 백5로 나가도 공배가 비어서 백은 살 수 없다.

2도 정해

백1 느는 한수. 흑2로 미는 것은 절대수로 백3으로 막으면 흑4까지 필연이다. 백A로 흑 두점을 잡아도 흑이 먹여치면 옥집으로 백은 살 수 없다. 뭔가 사전공작이 필요하다.

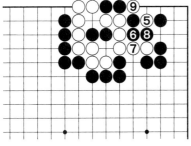

3도 계속

먼저 백5로 끼우는 수로 흑6을 유도하여 백7로 이으면 흑8이 불가피하다. 이때 백9로 따내면 먹여칠 여유가 없어 백이 산다.

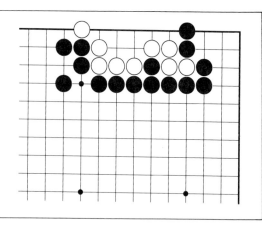

문제 5 (백차례)

백은 자체로는 살기 어렵다. 흑의 약점을 이용한 준비공작을 한 후 삶을 도모해야 한다. 백은 어떻게 두어야 하는가?

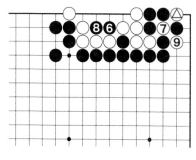

1도 준비부족

사전공작으로 백1 끊어 흑2를 받게한 후 백3으로 단수치는 것은 너무 성급한 수로 준비가 부족하다. 흑4때 백5로 흑 두점을 잡아도 흑6이면 그만이다.

2도 정해

백1로 끊어 흑2로 받게 한 후 백3으로 젖히는 수가 얼른 떠올리기 힘든 기묘한 수이다. 흑4로 따내면 백5로 단수를 하여 A의 곳과 귀의 흑 한점을 잡는 수를 맞보기로 한다.

3도 흑의 최강

그러므로 흑으로서는 흑6으로 끊는 것이 최강의 수이다. 백7로 흑 세점을 잡고 흑8로 단수치면 흑9로 귀의 흑 한점을 잡는다. 이것은 백△, 준비공작의 효과이다.

문제 6 (백차례)

백은 마지막까지 수읽기에 최선을 다해야 한다. 수순이 틀리면 자충이 되어 살 수 없기 때문이다. 백은 어떻게 두어야 하는가?

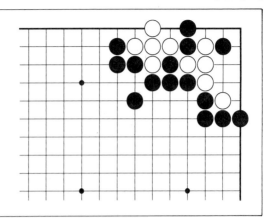

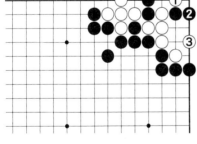

1도 자충수

백1의 내리는 수는 흑2의 저항을 받아 백3으로 이을 수밖에 없을 때 흑4면 자충으로 흑을 막을 수 없어 죽는다.

2도 정해 (올바른 수순)

백1로 젖히는 수가 흑2를 유도하는 좋은 수이다. 다음 백3이 침착한 수로 위험을 초래하지 않고 산다.

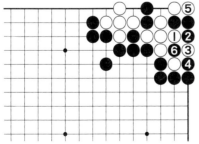

3도 위험한 수순

2도의 백3이 침착한 수인데 이 수를 백1로 두면 흑2로 미는 수가 성립한다. 백3으로 단수쳐야 하는데 이 때 흑4 몰면 백5로 흑 세점을 잡아야 한다. 그 후 흑6으로 패를 걸면 백은 이을 수 없다. 자충이 되기 때문이다.

문제 7 (흑차례)

간혀 있는 흑은 자체에
서 삶을 도모해야 한다.
확실히 살기 위해서 수읽
기를 잘해야 하는데 흑은
어떻게 두어야 하는가?

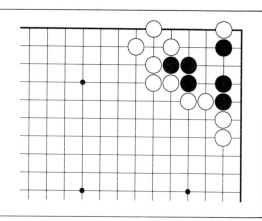

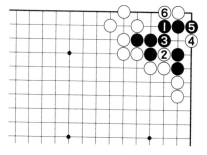

1도 책략부족

흑1은 백2 젖힘에 흑3으로 두어야 하는
데 백4로 이으면 흑은 살 수 없다.

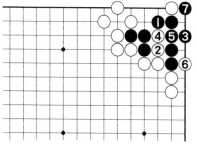

2도 응수 잘못

흑1은 궁도를 넓히기 위한 급소이다.
그러나 백2에 흑3하면 백4로 치중당해 흑
5가 불가피하고 백6으로 살 수 없다.

3도 정해

전도에서 백2로 밀 때 막지 않고 흑3으
로 두는 수가 좋은 수. 백4에는 흑5로 이
어 백6으로 둘 수밖에 없을 때 흑7로 두
면 확실한 삶이다.

문제 8 (흑차례)

갇혀 있는 흑은 백의 약점을 이용하여 자체에서 사는 수와 변의 흑으로 넘는 수를 연구해야 한다. 흑은 어떻게 두는 수가 좋은가?

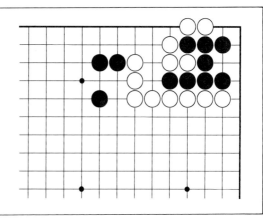

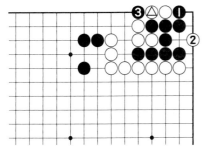

1도 준비부족

흑1로 단수치는 것은 너무 노골적인 수로 백2의 치중수를 당한다. 흑3으로 백 두점을 잡아도 백(△)이 먹여치면 흑은 두 집을 낼 수 없다.

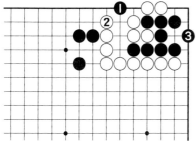

2도 정해

흑1로 들여다보는 수가 좋은 수로 넘는 수와 사는 수를 맞본다. 백2로 두면 흑3이 침착한 수로 백은 더이상 집모양을 허물 수 없다.

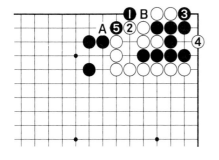

3도 백의 최강

흑1로 들여다보는 수에 대해 백2로 두는 수가 최강의 저항이다. 흑3이면 백4로 치중하는데 이 때 흑5로 두는 수가 침착한 수로 흑은 두점을 잡고 산다. 이어 A로 단수치면 B로 따면서 단수. 백이 먹여칠 여유가 없다.

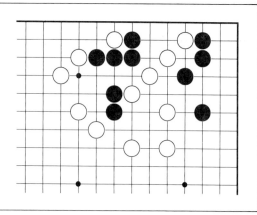

문제 9 (흑차례)

간혀 있는 흑은 살기 어렵다. 귀의 흑으로 연결해야 산다. 흑은 어디에 두어야 하는가?

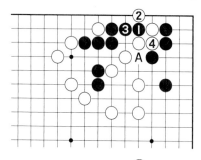

1도 패는 불만

흑1에 백2는 절대. 흑3으로 젖히면 백4로 몰고 흑5로 패를 걸면 백A로 따서 흑의 어려운 진행이다.

2도 정해

흑1로 붙이는 것이 정해. 백2에는 흑3으로 잇고 백도 A에 이어야 한다. 그러면 흑4로 연결한다. 백4는 최강으로 버텨보는 것으로…

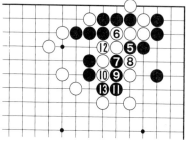

3도 계속

흑5면 백6 다음 흑7이 또한 좋은 수이다. 백8로 단수쳐 이하 흑11까지 두어도 백12로 이어야 한다. 흑13으로 연결하면 백이 망한 모습이다.

문제 10 (백차례)

연결한다는 것은 안전을 도모하는 좋은 수단이다. 지금 백은 안전을 도모하면서 흑의 근거를 빼앗으려 한다. 백은 어디에 두어야 할까?

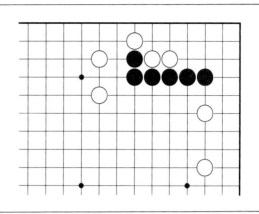

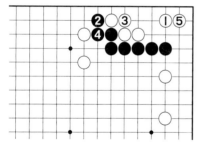

1도 무책

백1로 넘는 것은 흑2를 두게 하여 불만이다. 흑은 귀의 실리가 크고 근거를 확보하여 만족이다.

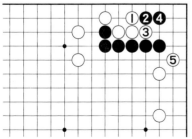

2도 백 불리

흑의 근거를 빼앗기 위해 백1로 두는 것은 흑2, 4로 봉쇄당하여 불리하다. 좌우의 백이 공격당하기 쉽다. 백5는 불가피.

3도 정해

백1로 두는 것이 연결이 확실할 뿐만 아니라 흑의 근거에 영향력을 미치는 좋은 수이다. 흑2에는 백3으로 두어 흑4와 교환한 후 백5. 흑이 불리하다.

문제 11 (흑차례)

양분된 흑이 서로 연결하려면 백의 약점을 노려야 한다. 흑은 어디에 두어야 할까?

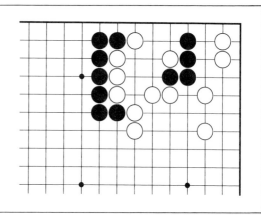

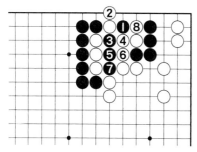

1도 백만족

흑1로 붙이는 수는 백2로 내린다. 흑3으로 끊으면 백4로 몰아 이하 흑7까지 백 세점을 버리고 백8로 흑 네점을 잡아 만족한다.

2도 정해

흑1로 그냥 끊어 백2를 받게 한 후 흑3으로 두는 것이 요령이다. 백4면 흑5로 백6을 유도한 후 흑7로 나간다. 백8에는 흑9로 이어 흑이 결국 연결된다.

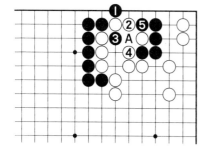

3도 흑 손해

단순히 흑1로 젖혀 백2를 두게 한 후 흑3으로 끊는 것은 백4, 흑5로 흑이 약간 손해. 백4로 A에 두는 것은 2도와 동일하게 된다.

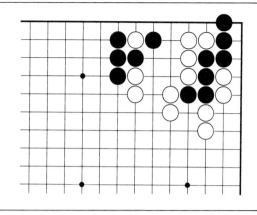

문제 12 (흑차례)

양분된 흑이 서로 연결
하려면 수순이 중요하다.
흑은 어떻게 연결하면 좋
을까?

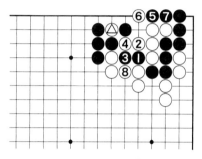

1도 실패

흑1로 끊어 백2를 두게 한 후 흑3으로
끊는 것은 백4때 흑5로 붙여도 백6까지
끊어둔 백△ 한점이 작용하여 흑의 실패
이다.

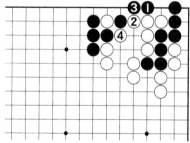

2도 실패

흑1로 단순히 붙이는 것은 백2에 치받
을 때 흑3으로 두어도 백4면 연결이 안된
다.

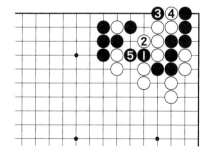

3도 정해

흑1로 끊어 백2와 교환한 후 흑3으로
붙이는 것이 중요한 수순이다. 백4면 흑5
로 완벽히 연결, 백이 큰 손해이다.

문제 13 (흑차례)

떨어져 있는 흑과 연결하는 것은 그리 어려운 일이 아니다. 그러나 흑에게 유리한 연결이 되어야 한다. 흑은 어떻게 두어야 하는가?

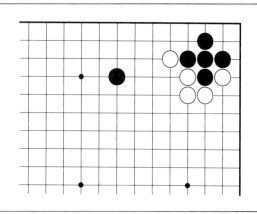

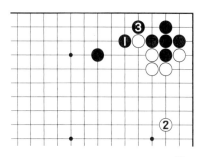

1도 안전

흑1로 젖히는 것은 백2로 늘어 흑3으로 안전하게 연결할 수 있다. 그러나 흑은 너무 저위에 있고 백4까지 벌릴 여유를 주어 미흡하다.

2도 정해

흑1로 붙이는 것이 맥이다. 백2로 두면 흑3으로 연결하여 흑의 호형이다.

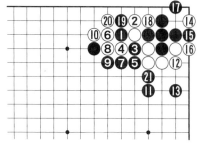

3도 백 무리

흑1로 붙일 때 백2로 빠지는 것은 흑3으로 끊기게 되어 백이 무리이다. 백4로 단수치면 이하 흑21까지 백이 망한다.

문제 14 (백차례)

흑에게 갇혀 있는 백은 오른쪽의 백과 연결해야 안정이 된다. 백은 어떻게 두어야 하는가 ?

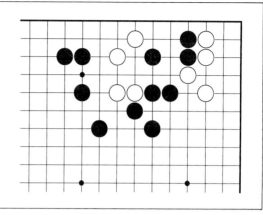

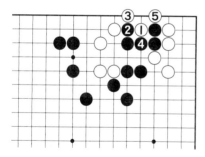

1도 실패

백1, 흑2를 교환한 후 백3으로 젖히는 것은 실패. 흑4로 막고 백5때 흑6으로 백 한점을 잡아서 백은 연결이 안된다. 이어 백A면 흑B.

2도 실패

백1로 붙이면 흑2쪽으로 차단을 꾀한다. 백3, 백5로 패를 낼 수 있으나 흑의 꽃놀이 패로 백만 괴로울 뿐이다.

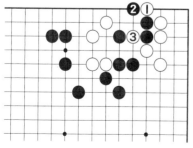

3도 정해

백1로 그냥 젖혀 흑2로 받을 때 백3으로 단수치는 것이 맥이다. 이후 흑이 백 한점을 잡으면 넘고, 백 한점을 단수치면 이어서 흑을 끊게 된다.

223

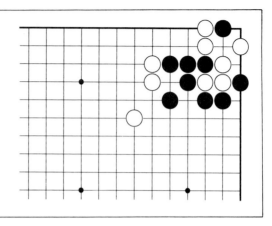

문제 15 (백차례)

양분된 백을 서로 연결
해야 한다. 백은 어떻게
두어야 연결할 수 있는가?

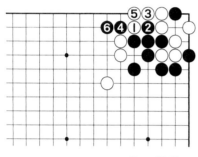

1도 실패

백1과 같이 노골적으로 두는 것은 실패
한다. 흑2에 백3이면 흑4로 단수친 후 흑
6으로 백은 살 수 없다.

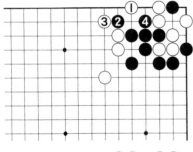

2도 실패

백1의 뛰는 것은 흑2가 좋은 수. 백3으
로 막아도 흑4면 백은 연결할 수 없다.

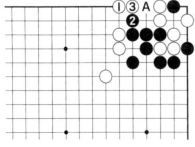

3도 정해

백1로 뛰는 것이 이 경우의 맥이다. 흑
2에 백3으로 두면 흑이 A에 둘 수 없어
백은 안전하게 연결된다.

문제 16 (백차례)

오른쪽 백과 왼쪽 백이 서로 연결해야 안정이 된다. 백은 어떻게 두어야 할까?

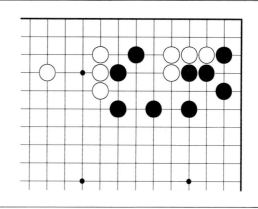

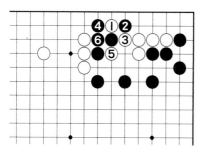

1도 평범

백1로 아래쪽을 붙이면 흑2로 받아 목적을 달성할 수 없다. 백3으로 끊으면 흑4로 단수친다. 백5로 단수친 후 차단해서 수싸움하는 것은 백의 수부족으로 실패이다.

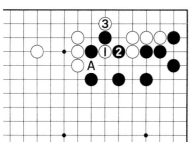

2도 정해

백1로 붙여 흑2로 받을 때 백3으로 넘는 것이 연결하는 좋은 맥이다. 흑2로 A에 이어도 백3으로 붙여 연결한다.

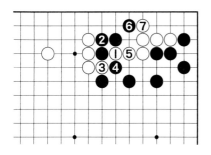

3도 흑의 수부족

백1로 붙였을 때 흑2로 잇는 것은 백3으로 끊어 흑의 수부족이며 무익한 저항이다. 흑4에 백5면 백7까지 흑의 수부족.

225

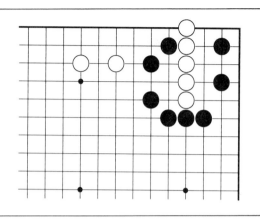

문제 17 (백차례)

갇혀 있는 백 다섯점은 서로 연결하지 않으면 살 수가 없다. 백은 어떻게 두어야 연결할 수 있을까?

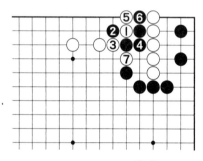

1도 흑의 악수

백1때 흑2는 무리. 백3, 흑4때 백5면 흑6으로 차단해야 하는데 백7이면 연결이 된다. 흑2가 악수이다.

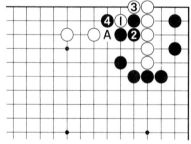

2도 실패

백1에는 흑2로 잇는 것이다. 흑2로 이으면 백3으로 두어야 하는데 흑4면 백A로 끊을 수 없어 실패이다.

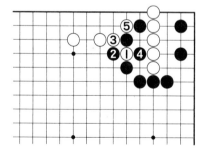

3도 정해

먼저 백1로 끼워서 흑2때 백3을 두는 것이 좋은 수순이다. 흑4로 백 한점을 잡을 때 백5로 젖히면 백은 연결이 가능하다.

패를 이용하는 맥

패를 이용하는 맥

문제 1 (백차례)

흑 세점과 백 네점의 수
싸움이다. 백은 보통의 방
법으로는 수가 날 것 같지
않다. 어떻게 수를 내야
할까?

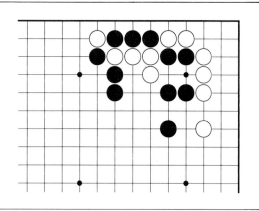

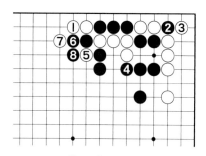

1도 실패

백1로 단수친 후 백3으로 보강하면 흑
4로 끊어둔 후 백5로 받을 때 흑6으로 수
조임하면 백은 살 수가 없다.

2도 실패

백1로 뻗어도 역시 흑2로 끊는다. 백3
으로 받아야 할 때 흑4로 메우면 백은 수
부족이다. 백5로 끊어도 흑6으로 나가면
축이 성립되지 않는다.

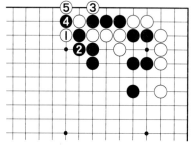

3도 정해

백1로 단수쳐 흑2로 받게한 후 백3으로
젖힌다. 흑4때 백5로 패를 거는 수단이
성립하는 것이다.

문제 2 (흑차례)

화점정석에서 나오는 형이다. 흑은 어떻게 두어야 좋은가?

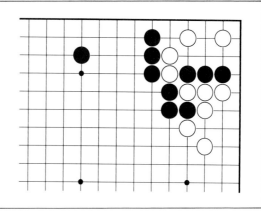

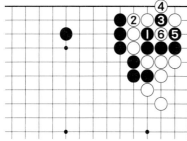

1도 실패

흑1로 단수친 후 흑3으로 끼우는 것은 백4로 실패. 흑5로 패모양을 만들어도 백6으로 흑 한점을 잡으면 한수 늘어진 패로 흑의 실패이다.

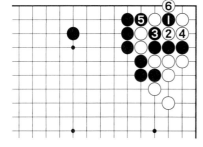

2도 정해

먼저 흑1로 끼워 백2로 받게 한 후 흑3으로 양단수치는 것이 중요한 수순이다. 백4로 이으면 흑5로 백 두점을 잡고 백도 흑 한점을 잡아 각각 산다.

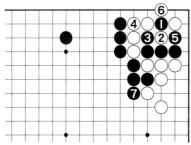

3도 변화

전도에서 백4로 백 두점을 이으면 흑5로 백 한점을 따낸다. 백은 6으로 넘어야 하는데 이때 흑7로 두어 중앙에 큰 세력을 만들어 흑의 대성공이다. 귀는 백이 한수를 더 두어야 패가 해소된다.

문제 3 (백차례)

외목 정석에서 볼 수 있는 형이다. 백은 어떻게 두는 것이 좋은가?

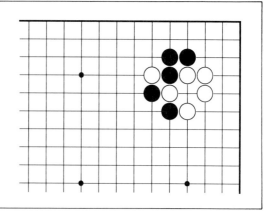

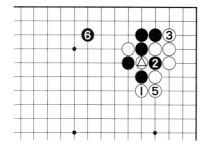

1도 천지 대패

백1로 끊어 흑2로 받게 하는 것은 천지 대패로 백의 대무리이다.

2도 정해

백1로 되단수하여 흑2로 따낼 때 백3으로 두는 것이 정해. 흑4로 이으면 백5로 잇고 흑6으로 벌려 일단락된다. ❹…⚪

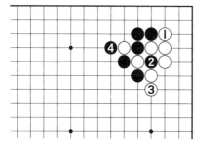

3도 실리의 요점

실리의 요점인 백1로 막아 흑2때 백3으로 느는 것도 있다. 흑도 백 한점을 흑4로 잡아두는 것이 정형이다.

문제 4 (백차례)

패가 두 군데에 걸려 있다. 이 패와 관련하여 백은 어떻게 두어야 좋은가?

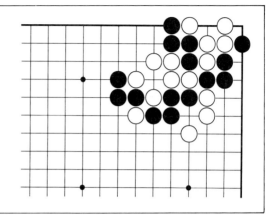

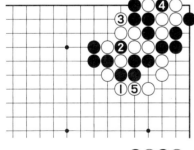

1도 흑의 선수

백1은 흑2로 받아 패가 되는데 백3 팻감에 흑이 귀의 백을 잡은 후 백5때 흑6으로 흑이 선수인 만큼 백의 실패이다.

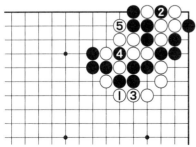

2도 정해

백1로 먼저 패를 거는 것이 중요한 수순이다. 흑2로 딸 때 백3을 둔다. 흑4로 패를 할 때 백5로 팻감을 쓰면 흑이 곤란하게 된다.

3도 변화

백1로 먼저 패를 걸 때 흑2를 먼저 두면 백3으로 흑4를 유도한다. 팻감으로 백5면 전도와 비슷하게 된다.

문제 5 (흑차례)

흑 세점에 대해 백이 공격하는 모습이다. 흑은 어떻게 처리해야 좋은가 ?

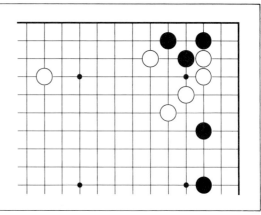

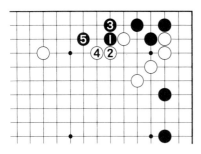

1도 무기력

흑1로 밀어 백2를 받게한 후 흑3으로 두는 것은 무난한 방법이다. 그러나 흑은 안정되었지만 무기력하고 볼품없이 되었다.

2도 정해

흑1로 붙이는 것이 맥이다. 백2로 받으면 흑3으로 내리고 백4때 흑5로 진출한다. 흑의 성공.

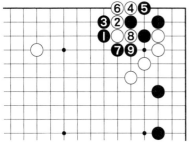

3도 백의 저항

흑1로 붙일 때 백2로 내리는 것은 백의 강력한 저항이다. 흑3으로 막고 백4로 단수치면 흑5로 받아 패이다. 백6으로 이으면 흑7에서 흑9까지 백의 무리.

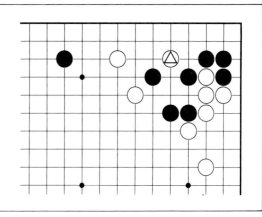

문제 6 (흑차례)

화점정석에서 백이 들여 다보면서 공격하는 형이다. 흑은 어떻게 두어야 좋은 가?

1도 흑의 실패

백△ 한점을 차단하기 위해 흑1로 막으면 백2로 젖히고 잇는다. 백5로 이으면 백6으로 끊고 흑7로 잇게 한 후 백8로 젖히면 백의 실리가 커서 불만이다.

2도 백 경쾌

흑1로 이으면 백2의 마늘모가 경쾌한 행마. 흑3으로 잇고 백4면 흑은 형태가 무너져 좋지 않다.

3도 정해

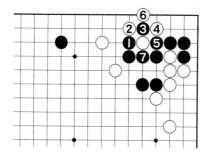

흑1로 막아 백2로 젖힐 때 흑3으로 끊어두는 것이 중요한 수순이다. 백4로 단수치면 흑5로 이으면서 단수를 쳐 백6으로 따게 한 후 흑7로 잇는 것이 좋다. 백의 엷은 모습이다.

문제 7 (백차례)

귀의 백과 끊어져 있는 흑과의 수상전이다. 주변 상황에 따라 전략이 달라질 수 있다. 백은 어떻게 두어야 하는가?

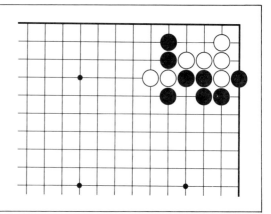

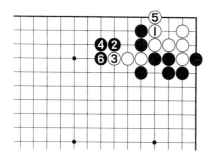

1도 백 곤란

백1은 흑2로 한칸 뛰게 되는데 귀의 백은 완생이지만 공격의 주도권은 흑에게 돌아간다.

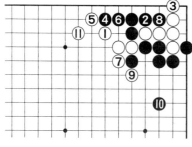

2도 사석작전

백1로 탈출로를 막으면 흑2로 백을 잡으러 간다. 백3으로 수를 늘리고 흑4로 붙이면 흑5로 받아 이하 백11까지 백의 외세가 좋으나 흑도 실리가 커서 특수한 조건이 아니면 불만이다.

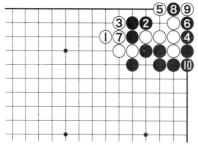

3도 정해

흑2때 백3으로 수를 줄이는 것이 좋은 수이다. 흑4면 백5가 좋은 수이며 흑6 이하 흑10까지 패가 쌍방 최선이다.

문제 8 (백차례)

귀에서 패모양으로 만드는 것은 탄력이 풍부하여 여러가지 수를 낼 수 있다. 백은 어떻게 두는 것이 좋은가?

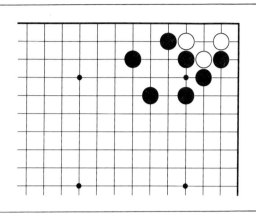

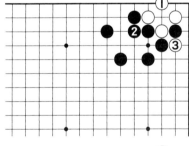

1도 무조건 죽음

백1로 이으면 흑2로 잇는다. 백3으로 끊어 단수쳐도 흑4로 되단수당하여 백은 살 수 없다.

2도 정해

백1로 패를 하는 것이 정해이다. 흑2로 이으면 백3으로 끊어 본격적인 패가 된다.

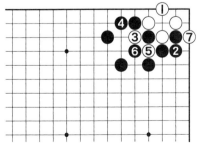

3도 변화

백1로 패를 할 때 흑2로 오른쪽을 잇는 것은 백3으로 끊고 흑4로 받을 때 백5로 흑 한점을 잡는다. 흑6으로 단수쳐도 백7로 역시 패이다.

235

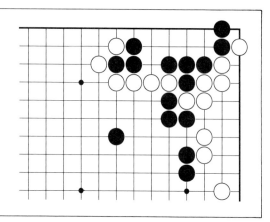

문제 9 (백차례)

지금은 직접적인 관계가 없다 하더라도 바둑은 뒷맛을 남겨놓아야 유리할 때가 많다. 백은 어떻게 두어야 하는가 ?

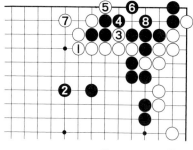

1도 무리

지금 흑(●)이 백 한점을 잡거나 끊으려는 장면이다. 백1로 이으면 흑2로 끊겨 양분되며 수습이 어렵게 된다.

2도 흑의 주문

흑의 주문은 백1로 이을 때 흑2로 뛰는 것. 백3으로 민 후 백5로 젖혀도 흑6과 흑8로 살아 있다. 흑은 선수로 중앙을 둘 수 있어 좋다.

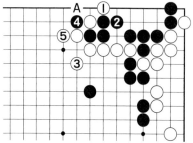

3도 정해

백1로 젖혀 흑2와 교환한 후 백3으로 보강하는 것이 좋은 수순이다. 흑4로 끊어도 백5로 늘어둔다. 이후 백은 필요할 때 A의 패로 버티는 수가 남는다.

236

이 기 고 도 진 바 둑 이 있 다

이겼음에도 무시를 당하는 바둑이 있는가 하면
진 바둑인데도 평가를 받는 바둑이 있다.
프로의 바둑이나 아마의 바둑이나 그것은
마찬가지이다. 극단적인 예이기는 하지만
일본의 아베라고 하는 9단 프로는 상대방이
실수를 범하면 되례 기분이 상하여 초중반인데도
이 편에서 돌을 거두는 그런 사례도 있다.
여러분의 바둑을 보노라면, 발전성이 내다보이는 바둑과
그렇지 않은 바둑이 있다.
그러기에 이겼다고 실력이 나은 것도 아니며
졌다고 실력이 쳐진 게 아니다.
요행을 바라는 마음, 어떻게 되겠지 하는 마음, 적당히
어물쩍 해보는 그런 속셈이 바둑판
위에 그대로 드러난다는 사실을 본인들은 모른다.
바둑 돌은 사람의 손길을 통하여 그 속마음까지
드러내기에 칭찬을 받을 바둑과 그렇지 못한
바둑이 구별되는 것이다.

형 태 감 각 (形 態 感 覺)

프로는 돌이 짜인 생김새, 즉 형태를 보고
대국당사자간의 우열을 직감한다. 형태가 좋은
것은 둔 돌이 모두 제 몫을 하며 활동하고,
형태가 비뚤거나 일그러지면 능률을 제대로
발휘하지 못하여 활력을 잃는다.
잘 둔 바둑은 각 부분의 형태가 반듯하고
그로부터 발전한 돌들이 시원스럽게 뻗어나가
거침이 없는데 시원찮은 바둑은 각 부분의
돌이 중복되고 그로부터 출발한 돌들의 행보가
갈지(之)자가 많다.
그러므로 돌의 형태에 대한 바른 감각을 익히면
실력도 저절로 늘게 되어 있다.
흑백 돌이 가지런히 잘 어울린 모양새는 한폭의
수묵화를 연상하게 하는 일이 있는데 그와 같은
미감을 느끼게 될 정도가 되면 감각이 일정한
수준에 올랐다고 할 수 있다.

양상국 바둑특강

절묘한 맥 I

2000년 2월 15일 발행
2015년 1월 5일 2쇄

저 자:梁 相 國
발행자:趙 相 浩

발 행 처: (주) 나남

4 1 3 - 1 2 0   경기도 파주시 회동길 193

전화 : (031) 955-4601 (代),   FAX : (031) 955-4555

등록 : 제 1-71호(1979. 5. 12)

http://www.nanam.net

post@nanam.net

ISBN 978-89-300-2032-9   책값은 뒤표지에 있습니다.
ISBN 978-89-300-2064-0 (세트)

나남신서 6
나남이 책을 만들고 책이 사람을 만듭니다

양상국 바둑특강

절묘한 맥

①

저자는 바둑에서 '맥'을 빨리 터득하는 것이야말로 기력(棋力) 향상의 첩경이라는 사실을 발견했다. 무릇 사람에겐 혈맥(血脈)이 있고 산에는 산맥이, 물에는 수맥이, 금광에는 금맥이 있지 않은가? 하나의 세계를 파악하기 위해서는 이러한 맥을 포착하는 것이 관건일 것이다. 바둑도 그와 같다. 맥을 잘 터득해야 기력의 향상을 기할 수 있고 바둑의 묘미도 만끽할 수 있는 것이다.

— 저자 서문 중에서

값 12,000원
ISBN 978-89-300-2032-9
ISBN 978-89-300-2064-0(세트)

9 788930 020329   04690